聞き書き・島の生活誌⑥

いくさ世をこえて

沖縄島・伊江島のくらし

はじめに

黒潮洗う奄美・沖縄の島々。そこでは島ごとに独自性の高い生物と文化の多様性が育まれてきました。総合地球環境学研究所の、日本列島におけるこれら多様性に関する歴史研究プロジェクトの中で、私たち奄美・沖縄班は自然とのつきあいの知恵を地域の方々から聞かせていただき、学んできました。

今、地球上で進行している様々な環境問題が私たちの生活をおびやかしています。なかには生物多様性の保全や地球温暖化防止といった国家間での取り組みが話し合われるものもあります。しかし、これらの問題は、政府や、自然環境や生物などに詳しい自然科学の専門家だけで解決できるものではありません。それは、私たちの暮らし方という社会や文化と深くかかわる問題だからです。とすれば、一人一人が暮らしを見つめ直し、自然とのつきあいを考えていくことが、今、重要な意味をもっているといえます。各島で自然と向き合い生きてきた歴史と、そのなかで紡ぎあげられてきた先人たちの知恵や伝承は、その大きなよりどころとなるに違いありません。

そのような思いのもと、聞かせていただいた貴重な体験や知恵の数々を、多くの人たちと共有できるよう、七冊の「聞き書き・島の生活誌」シリーズとしてまとめました（巻末をごらんください）。

琉球弧の島々のなかで最大の島、沖縄島を中心とする聞き書きは、本シリーズで三巻目となります。本巻でも、山がちな北部地域でのイノシシを含めた森とのかかわりや、中南部における、田んぼなどの周囲に生

はじめに

きる動植物の利用など、かつての自然や暮らしが語られます。それらからは、前の巻同様、同じ島でありながらも、じつに多様な自然資源の利用が地域ごとになされていたことがわかります。

また、本巻では、かつて森の中に切り拓かれた二つの集落の話も登場します。北部国頭村の山の中にあったユッパー（横芭）と、宜野座村のアニンドー（安仁堂）です。畑を耕しながら、山材を伐り出すといった暮らしぶりが元住民たちによって生き生きと語られます。伝承者が少なくなっている今、その記憶はとても貴重なものです。

これらの集落は今ではありません。とくに、アニンドーは戦争中に焼き払われてしまったのです。日本で唯一、激しい地上戦を経験した沖縄島とその周辺の島々。戦争とその後の占領統治が人びとの暮らしに及ぼした影響は計り知れず、各章の端々にみられます。最後の伊江島の島民のお話のなかでは、本当に辛い記憶とともに、「いくさ世」との個々人の向き合い方が語られます。

話し手の方々は、物資が乏しい戦後の復興期を、身の回りの自然を最大限活用し、何でも自分たちでやりながら力強く生きてこられました。そのような暮らしを、自然についての様々な知恵とともに教えてくださいます。その生きていく力と知恵こそが私たち人類の未来への贈り物なのです。

この一連の取り組みが、調査する者とされる者という壁を越え、環境問題の解決に取り組む研究者たちの連携を図る試みともなることを願っています。お世話になった島の方々および地球研・列島プロジェクトの方々に心からお礼を申し上げます。

編者を代表して　　蛯原一平

目次

北緯28°
硫黄鳥島
伊平屋島
与論島
27°
伊是名島
①奥
⑦伊江島
②ユッパー
粟国島
③安仁堂
④知花
沖縄島
久米島
⑥佐敷・小谷
⑤玉城
慶良間諸島
26°
20km
東経127°
128°

第１章　猪垣のあるムラ・奥の暮らし

話者　国頭村奥《おく》　島田隆久《しまだたかひさ》さん

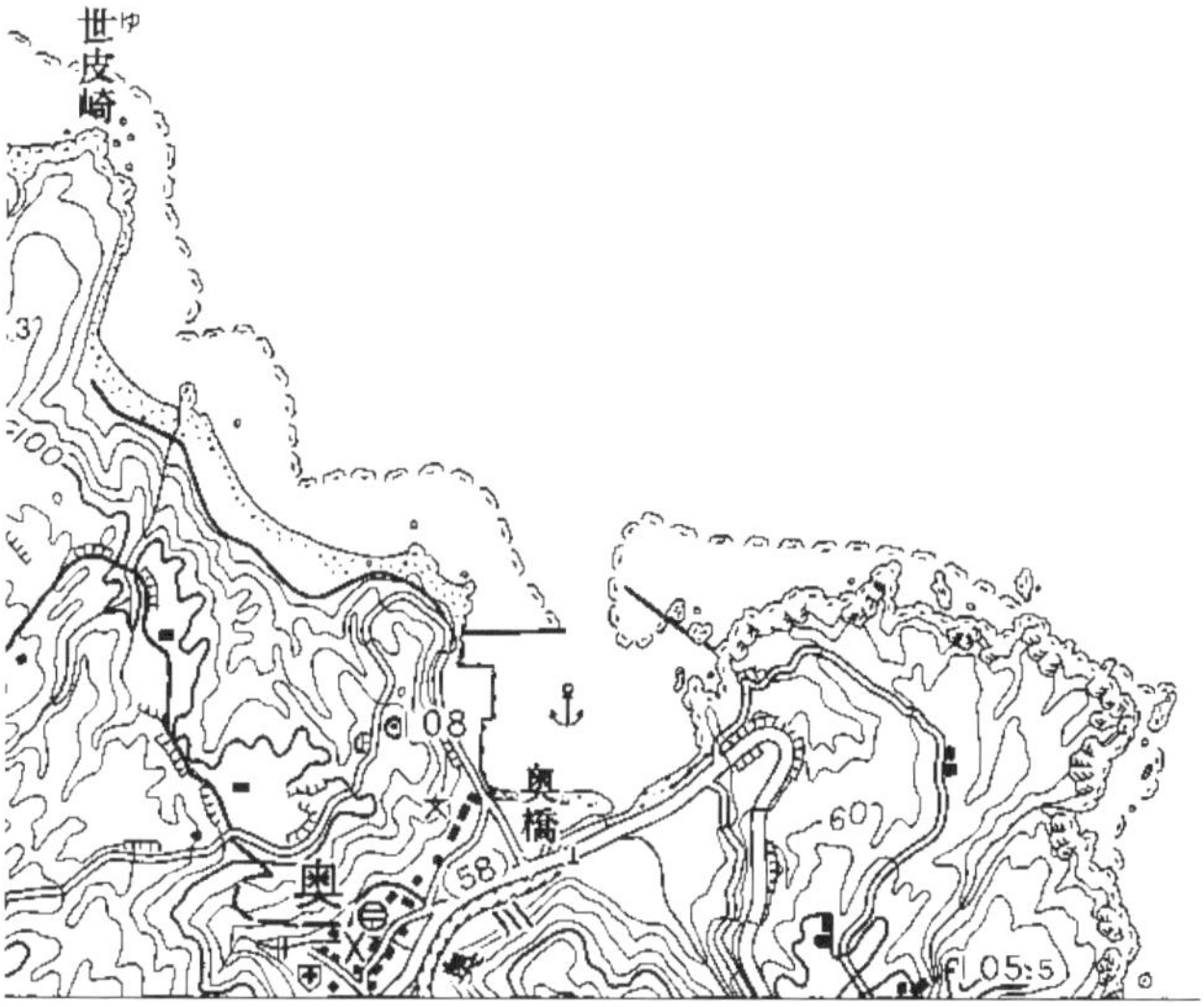

沖縄島北部・ヤンバルと呼ばれる地域の最も北に位置する集落の一つ、奥は海と山々に囲まれた集落です。古くから、集落の共同売店を持っていたことでも有名な奥集落の人々の暮らしを、島田隆久さんに語っていただきました。島田さんは昭和一二年に奥で生まれ、若いころは西表島で畜産業や、石垣島でパイン生産をされておられました。現在は奥でタンカンの生産にたずさわっておられます。

奥の特徴の一つは、畑地へのイノシシの侵入を防御するための石垣（猪垣《いのがき》）で集落を囲んでいたことです。集落共同での猪垣の管理体制は罰則をともなう、大変厳しいものであったとのことです。経済社会の発展とともに、産業形態の変化、人口の流出などから、猪垣は放棄されてしまいました。近年、この猪垣を掘り起こす作業を、島田さんたち集落出身者を中心にした有志で始められています。この聞き書きも、そうした猪垣の調査のおり、猪垣を案内していただきながらうかがった部分もあります。実際にその傍を歩くことで、猪垣によって形作られていた、かつての循環型社会の一つの典型を実感することができました。

島田さんのお話をうかがう際には、昭和二三年に奥で生まれ、気象台の職員を勤められきた宮城邦昌さんも同席され、さまざまな補足説明をしてくださいました。宮城さんは、猪垣の調査の中心メンバーの一人でもあります。

奥に田んぼのあったところ

――沖縄の人々と自然との関係に興味があり、とくに田んぼを中心とした植物利用について、あちこちでお話を聞かせてもらっています。奥でも田んぼが広がっていたわけですが、田んぼがなくなってしまったのは、いつごろのことなのですか？

一九六九年に大雨が降ってしまって、田んぼが埋まってしまった。それが田んぼがなくなった、大きな原因です。

――そうですか。南部で聞き歩いていると、減反政策のせいとか、キビの値段が良くなったから転作をしたといった話も聞くのですが。

そうですね。昔だったら、大雨で田んぼが埋まってしまっても、また石をどけただろうが、キビの値段も上がったから、そこまでしなかった。そういう要因もありますよ。(注１)

――田んぼに使われていた緑肥には、どのようなものがありましたか？

たくさんあります。終戦直後はリュウキュウチクを使っていましたよ。次はソウシジュとかです。ソウシジュ自体は戦前からありました。あと、オオバギとかも使いました。緑肥に使う木はたくさんありました。シイの木は、葉をとりにくいので使いませんでしたが。大きな葉をつける木は使いやすいですね。イヌビワとかも使いましたよ。

――リュウキュウチクを使ったのですか。切り口が危なくはないのですか？

これで足などをよくケガしました。緑肥は量がいるから使ったのですが。リュウキュウチクを使ったのは、終戦直後の話です。一、二回利用して、あとは使いませんでした。非常に危険なものでしたよ。

――海藻は使いませんでしたか？

海藻はカボチャにはやりおった。これは学校の生徒たちがやりました。普通の人はやりません。なぜだかわかりますか？　海藻は重いんです。学校は海に近かったですからね。あとは、ウニもよく入れよったです。これも、とくにカボチャに入れました。あのころは金肥がなかったですからね。

――奄美大島では、ソテツを緑肥として使ったという話を聞きました。

ソテツも入れましたよ。ソテツは畑にも入れました。

――ソテツを田んぼに踏み込むとき、足が痛かったという話を聞きましたが。

ソテツは竹よりはるかにいいです。腐りやすいですし。竹は大変でした。

猪垣が囲むムラ

――猪垣はいつからあったのですか？

一九〇三（明治三六）年から構築、スタートしているね。

――その前はなかったのでしょうか？

写真１　国頭村奥の猪垣

その前は、おそらく個人でやっておったのじゃないかな。国頭のどの集落にも猪垣はあったんですが、奥みたいな恒久的なものかどうだったかという違いがあるわけです。明治一四年頃、上杉という県令が視察に来て、楚洲方面で、万里の長城みたく木の猪垣が見えるという記述がありますよ。

猪垣がもし崩れたら、三日以内に修復しないとだめという条例がありました。直さないと罰金です。規律が厳しかった。イノシシが猪垣の中に入るということは、村人が餓死するということだから。猪垣には、誰の担当かという木の札がかかっていたんです。それに見廻りがいました。三日以内に垣主が修復しないと、村が直して、費用は垣主に請求です。この猪垣の台帳がありました。あと、猪垣を見ると、垣主が金持ちかそうかもわかります。垣主が金持ちのところは、今もしっかり残っています。

――猪垣の共同管理はいつまで続いたのですか？

垣を管理していたときは、管理が厳しかったので、村から離れるのが大変でした。畑をあげるから、垣ももらえ……と交渉して、那覇に出ていくというようなことがあったんです。しかし、いろいろあって、結局、一九五九（昭和三四）年の区民総会で垣の管理を放棄することを決めました。垣には大垣(注2)とは別のものもありましたよ。大垣の外側にあった垣です。これは焼畑、別の言い方だとクイミバタ、アキケーバルを囲んでいた垣です。アキケーバルは三ヵ年使います。まず、イモを植えます。それから粟です。最後は粟の中にイモを植える……。三ヵ年やると地力がやせるから、放棄します。こうしたアキケーバルが何ヵ所かあって、時代によって異なるが、何ヵ年でまわすようになっていました。本当は、守られていませんでしたが。

イノシシと豚

――猪垣以外に、イノシシを獲ったりもしたのですか?

村でイノシシ獲りがおったです。インビキヤーといいました。イヌも五、六頭養なって。獲れたイノシシの肉は人に売るわけ。獲ったイノシシの顎は、自分の家の台所に並べてつるします。自分で獲ったという歴史がわかるようにと、今後も獲れるようにという願いで飾りよったです。一〇〇〇頭獲ったら供養したという話も聞きましたね。

――正月は、豚も食べるわけですよね。

正月豚といいました。金持ちは、丸三年もかけて育てた豚を絞めます。これがほこりであるわけ。うちのが一番大きいとね。(注3)

奥の宝

――猪垣の内側に、集落と、田んぼや畑があって、外側には焼畑があったんですね。

そうです。奥の畑はアサンガニという掘り串を使いました。ピイヤと呼ばれるへらはほとんど使いませんでした。奥の土は固かったからです。

――牛や馬は使いましたか?

牛は数少なかったです。山仕事は全部、馬です。でも、戦前は馬はいません。これが奥の特徴です。田んぼを耕すのは牛ですね。

奥は比較的、畑がやせています。でも、奥は幸い、山に恵まれていました。都会が薪を買ってくれたんです。ところがガスとかガソリンとかでてきて、奥の木材産業、全部、つぶれたわけ。奥の人は、ガスとかガソリンがでてくるなんて、全然わからんでしょう。いつまでも栄えると思っていたのにね。木材産業がだめになって、お茶作って、今、ミカン作っているわけです。

――昔は、木材の存在が大きかったんですね。

奥では、戦前から大きくてまっすぐな松があると切ってはいけないという条例を作ったんです。奥では北風があたらんところでは、松がまっすぐ伸びます。この大きな松でピーと呼ばれる樋をつくりました。用水を流す樋で、川の上を用水がまたぐときに使いました。大きな川には大きなピーが必要です。川の大きさによって、ピーの大きさが違いました。これが何十ヵ所とあったんです。ピーは橋がわりにもしました。ところが、大雨が来ると、一〇年とか一五年に一回、ピーが流されてしまいます。そのために、大きな松を切ってはいけないという条例を作ったんです。ピーを作るのは松と決まっています。松は水に強いから。

これ（実物を見せて）はなんだかわかりますか？　松の芯で、トゥブシと呼ばれるものです。ただ、奥ではトゥブシとはいわんで、アッシといいます。これは、奥の石炭です。昔は懐中電灯がありません。アッシをたいまつにして夜、魚を獲ったんです。川にもいっぱいウナギがいましたが、そのウナギ捕りでもアッシはとても貴重なものです。

――アッシは松の大木の芯なのですか？

大きな松にあるとは限りません。いじめられたような木が、自然とアッシをつくったんです。アッシのことを、九〇代の方は宝と呼びましたよ。その世代の人たちはアッシを持って、イザリ（冬季に夜、潮のひいた海岸で行う漁のこと）をしましたから。イザリのときだけではありません。昔はマッチも貴重品でしたし、新聞紙もありませんでした。カマドに火をつけるときは、アッシを細かく削って、そこにマッチで火をつけて、それから普通の薪に火をたくわけです。今なら新聞紙を使いますがね。昔は、毎日、アッシを使いました。とくに朝ですね。これがない家は、夜に大きな木を燃やして、灰をかぶせておくんです。今も山を歩いていてアッシを見つけると、重くないものは持ってきますよ。

——薪を縛る専用のツルはありましたか？

薪を縛ったのは、その場所にあるツルです。とくに決まっていません。ないときは竹を割って使いました。

ツルの利用

——ツルの利用について教えてください。

家を作るときはジベーガンダ（和名ハスノハカズラ）が必要です。瓦葺する家は必ず使ったんです。屋根に、リュウキュウチクをジベーガンダで固定して、その上に瓦を葺いていきます。このツルは貴重なもの。ある場所も決まっています。湿地に生えるツルです。

——テイカカズラは使いましたか？　地域によってはこのツルをいろいろと利用するという話を教わったのですが。

このツルは使いません。サジトガンダ（和名ヒョウタンカズラ）が強いツルです。これは山のてっぺんの乾燥したところに生えます。針金代わりに使えるツルです。明治のころの猪垣は、このツルを裂いて垣主の札を下げるのに使いました。これはジベーガンダのように柔らかくはありませんが、腐りません。山羊の首につける綱もこれです。ジルガンダ（和名ウジルカンダ）は、守礼の門とかに使う、カシの大木を出すときに使いました。ロープがない時代、一〇名、二〇名で材木を運んだわけ。戦後も何本か、ジルガンダを使って材木を出したはずです。水田のないところは、これで綱引きの綱を作ったりもしますよ。奥間でも綱引きの綱の芯に入れているはずです。

――トウヅルモドキのツルは使いましたか？

これはトゥーといってね、バーキの耳とかに使いました。

――カニクサを行事のときに使うことはありますか？（注4）

あります。チルマチカンダといっています。これはシヌグのとき、頭にかぶる冠を作るわけです。ミーパンチャ（和名ゴンズイ）も、冠に使いますよ。これは安田《あだ》も一緒です。

さまざまな植物の利用

――石垣島の話では、マーニと呼ばれるクロツグの繊維は丈夫だと聞いたのですが、奥ではクロツグの繊維を縄などを作ることに使いませんでしたか？

繊維はそんなに使いませんね。奥では各家庭にシュロを植えておったからね。クロツグは奥では葉を縄にさして、魚を獲るときのおどしに使います。魚毒を入れるときに、これを使いよった。

――魚毒には、イジュの樹皮を使ったのですか？

そうです。でもイジュを使うのは大人だけです。子どもは別です。子どもが使うのは、野原の草の、ミンナグサ（和名ルリハコベ）です。あと、川で使う魚毒は別です。川で使うのはテッポウタマギー（和名サンゴジュ）です。石で葉を砕いて使います。

――ハマイヌビワは、山羊の餌として使いませんでしたか？

牛や山羊が一番好きな葉です。奥ではハマイヌビワのことをアッタニクといいます。アッタニクは畑の石垣守るのにも、一番、上等です。何十メートルも、水を求めて根が伸びる木だからね。葉は田んぼの肥料にも使いよった。アザグル（和名フカノキ）の葉も緑肥です。

――この木は柔らかくて、材は使えませんか？

薪にもならない木ですね。フクキ（和名ウラジロエノキ）も一番大きくなるのに、使い道のない木です。ワジク（和名モクタチバナ）の使い道は知っていますか？　ハゼの木にかぶれたとき、この木の葉をあぶってあてるといいんです。シタマギ（和名エゴノキ）は、中学のときの正月ゲタは全部これで作りました。色はクチナシで染めてね。(注5)

――竹はどんな利用をしていましたか？

竹細工がいろいろありました。ここらはハーダヒ（和名ホウライチク）に恵まれていましたから。川の土手に生えていました。昔、塩を入れる、独特な入れものがありました。マースバイといいます。昔の塩は溶けよったでしょう。だから、マースバイに入れて、吊るしておきました。今、もうこれをつくれる人はおりません。カマドを作れる人は、まだ一人おります。カマドを作るときは、カマド用の石をとる場所も決まっていました。

――シイの実は食べましたか？

シイの実はよく食べました。戦後、食べ物がないから、生きるために食べるんですよ。親父の代までは、カシの実もアク抜きして食べていました。

――カシの実に呼び名はありましたか？

アニンといいます。

クービ（和名ツルグミ）は、今、見なくなりましたね。昔は、草刈りはこれをめざして行きよったですよ。クゥーガ（和名シマサルナシ）も食べましたよ。

――野イチゴは、なんと呼んでいましたか？

イチゴはナスビと呼んでいました。ウフバーナスビ（和名ホウロクイチゴ）や、ヤマナスビがありました。本土で山菜にするダラギー（和名タラノキ）は、食べる習慣がなかったですよ。

――ムーチー（餅）を包むのに、アオノクマタケランの葉を使いましたか？

ムーチーガサと呼びました。戦時中はこの葉を羽釜の中に入れて炊きましたよ。いいにおいだから。うちの母など、よく入れよったです。鬼餅はみなこの葉を使います。でも那覇だと大きいの（ゲットウのこと）を使いますね。

あと、チークヮーサー（和名サクララン）の葉は厚いから、折り目をつけて、皮膚をはさんで遊ぶのに使いましたよ。

アブントゥあたりのこと

今日、猪垣を見に行ったあたりのことをアブントゥといいます。（注6）アブとは石灰岩の穴のことです。

アブントゥに洞窟がありましたね。あそこは、上に牧場が作られる前は水が流れ出ていたそうです。先輩方の話では、その水が塩辛かったらしいです。それが牧場を作ったために枯れたって。

この洞窟のあたりは、今はすっかり藪になっていますが、昔は薪採りや草刈に来て、しょっちゅう休んでいたところです。五番組がよくここを使いました。草刈り、薪採りは範囲が決まっていたんです。それを破ると違反です。鳥たちの生息範囲みたいに、子どもたちの遊び、草刈り、薪採りなどにもそれぞれ勢力範囲があったんですよ。（注7）

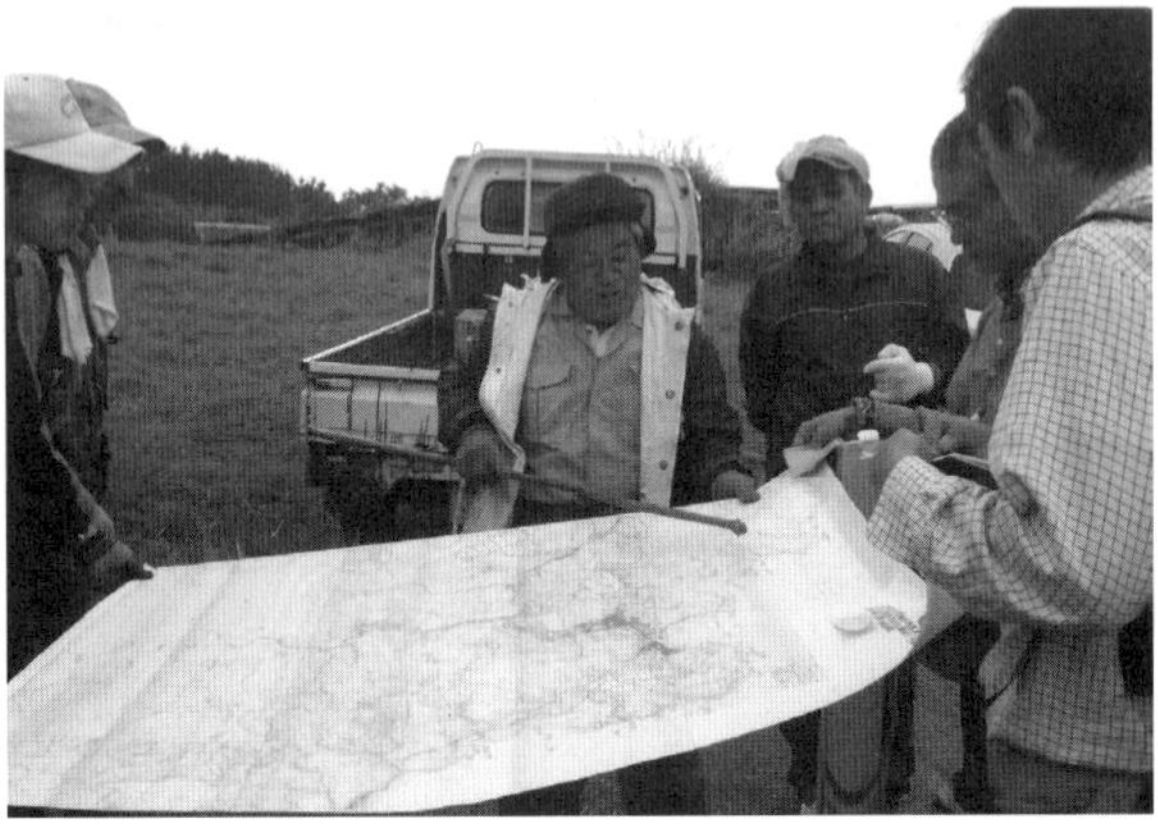

写真２　細かな方言地名が入った集落地図をもとに猪垣を説明する島田さん

アブントゥのガケの上には穴があって、そこからお椀を落としたら、ユッピのあたりの海にでてきたという話があります。このあたりは地形が独特だから、伝説がいくつもあります。子牛を呑んだという大きなハブがいたとか。ナナチジシといって、七頭のイノシシがこのあたりを歩いていたって話もあります。真ん中がお母さんイノシシで白くて神様のイノシシだったという話です。ガケの上に石山があります。そこはタチガミといいます。今、ユッピ川と呼ばれている川も、猪垣台帳を見ると、タチガミ川と書かれています。

今、猪垣のことを調べているが、奥の若い連中に、故郷に興味を持たせたい。まだまだいろいろありますよ。奥にはクインチャ（和名コウヨウザン）の大木が一本あるという話もある。それも探し出したい。

――今日は、いろいろと貴重なお話、ありがとうございました。

（聞き手　蛯原一平・盛口　満）

注１　「最初に田んぼが埋まってしまったのは、一九六〇年代に、軍道一号線（現国道五八号線）を作ったとき。山を崩した土砂を、路肩に盛り土をしていたのが、雨で流された。このとき、一番、いい田んぼが埋められてしまった。次が一九六九年の大雨のとき。土砂で埋められてしまった田んぼは、そのまま耕してサトウキビを植えたよ。でも、土地がやせてるさ。結局、だめで、その後は、茶畑の敷き草用のススキを植えだした。田んぼにススキを植えたんだよ。前は、お茶用の敷き草はリュウキュウチクを使ってたんだが、だんだんリュウキュウチクの生えていたところが森になってしまったことも関係してるよ」（宮城邦昌さんのお話）。

注２　奥の集落から奥川をはさんで、集落の西側に伸びる西垣と、東側に伸びる東垣があった。東垣の端はユッピ崎である。この集落を囲む垣の主要部を大垣という。猪垣の台帳はコピーが現存しており、個々人の担当場所の番号、垣主、長さなどが記録されている。

注３　「最盛期は川原で、正月豚を一〇〇頭ぐらいつぶしたよ。金持ちは三年かけて豚を大きくするけど、本

当は大きすぎるとおいしくない。年末の二九日は豚をくびって、川原に寝かせておく。これをワークビリーという。一日おいて、腸を空にしておくわけ。三〇日につぶして、三一日は年越し用の料理の準備。チーイリチャー(血の炒め物)を作って、中身(腸)も他の内臓も塩ゆがきして。正月一日は中身汁と内臓の料理。籠にいれてつるしておいたものを切って、炒める。あと、正月豚をつぶしたらアンダーナビ(豚の脂肪を鍋で溶かしてラードを取ること)も作らないといけない。脂を取ったらアブラカスが副産物になって出てくる。これはソーメン汁に入れたら、最高においしい。イノシシの背骨はイヌのえさにするけれど、豚の背骨は塩漬けにしておく。これが、旧の二、三月の田んぼ作業のヌチグスイ(命薬)。豚の頭はぶった切ってだし汁にしたよ」(宮城さんのお話)。

注4　沖縄島比地ではウンジャミと呼ばれる行事のときに、太めのツルで作った輪にカニクサを巻き、そこにクスノハガシワの枝をさしたものを、神人が頭にかぶる。また、沖縄島安田の場合、クスノハガシワではなく、冠にはゴンズイが使われる。

注5　「普段は裸足だが、正月には下駄を作って履いた。クチナシで黄色くぬると重そうに見えて格好がいい。中三になると、一本足の下駄をはいて格好をつけたよ。冬場の遊びです」(宮城さんのお話)。

注6　奥の東側の海岸沿いにある一帯で、石灰岩の台地である。この石灰岩のガケを、猪垣の一部としている。

注7　このような子どもたちの組ごとの場所の割り当てについては『奥小中学校創立九〇周年記念誌』(国頭村立奥小中学校)に詳しく書かれている。

第2章　そしてユッパーが消えた

話者　大宜味村田嘉里《たかざと》　池原美津子《いけはらみつこ》さん

このシリーズの第一巻『野山がコンビニ』の最初にユッパーの話がでてきます。情報が非常に少ないところで場所もよくわかりませんでした。このようななか、親川栄さんの紹介で、ユッパーの最後の住民とされる池原美津子さんと夫の池原一雄《かずお》さんのお話を聞く機会がありました。美津子さんは、昭和二年に生まれ、ユッパーで育って、そのあとに宜保さんのところ（宜保（ジーブ）開墾と呼ばれた）へ引き取られ、そこから楚洲の学校に通いました。戦後は、ユッパーに戻り、そこで山の仕事で生計をたてていました。その後、一雄さんと結婚し、しばらくユッパーで暮らしていましたが、のちに現在の田嘉里に住むようになりました。二〇〇七年一二月二二日には自宅でお話をしていただいて、二〇〇八年一月五日には、池原さん夫婦に現地を案内してもらいました。お話は、ユッパー、ジーブ開墾の暮らしが中心になっています。想像できないような苦労を淡々と話しされるなか、聞いている私たちは信じられないような世界に引き込まれていきました。なお、お話は、補足説明も兼ねて親川さんも一緒に参加してもらいました。

ユッパーとその近隣

――ユッパーの住居跡を探しても見つからないのですが、ユッパーの住居跡は残っているのでしょうか。

美津子　高い山を削っているから、場所もぜんぜんわからないよ。もう屋敷の跡ないよ。

一雄　道路が作られています。もとの屋敷のあとは川になっているんですよ。

美津子　屋敷囲いは残ってない。うちが最後まで住んでいました。母は一三歳の時に伊部岳にいたんですよ。そこで結婚してずーっと住んでいました。戦争の犠牲になったけど、私と一回り違う兄もいた。伊部の山の中で生まれて生活していた。

――最初は伊部岳で生活し、ユッパーには住んでいなかったのですか。ユッパーの呼び方は？

美津子　ヨコッパといいよった。地元ではユッパ開墾といいよった。私はヨコッパに住んでいた。親父たちは、最初は伊部岳に住んでいた。あっちからみな開墾地を渡り歩いて、ヨコッパに来ているわけ。山稼ぎするために。ヨコッパには約四〇軒あったらしいですが。あの山のなかに、くぼみをたよって、三七間切の村々から来たらしいですよ。みんな離ればなれになって、うちらが最後までいたというわけ。ユッパーの人たちはみんな戦前には出ていますよ。スレーのところには、辺野喜《べのき》に近いゾウシン開墾といったのもある。

一雄　スレー開墾ともいう。伊江林道に抜ける道。ユッパーから辺野喜に行くところの途中を左側にまがるよ。あそこにりっぱな屋敷があった。

ジーブ開墾のこと

美津子　私は、ジーブ開墾に預けられたわけ。うちは兄弟たくさんいたから。またジーブグヮーというところは、子どもたちは、いなかったわけよ。だから、私は、メージッケーサーと言ってから、結婚もさせるからと言ってもらわれて行ったわけ。実家とは二里くらいあったよ。ジーブグヮーにいたとき、学校は楚洲に。朝、学校には薪を担いで行った。一人で、道がない川沿いを裸足で通った。楚洲に行くと、薪は学用品などに換えた。毎日通った。

――ジープはいつまで人がいたのですか

美津子　あれは私が卒業した年。だから、私が一四歳くらいのとき。昭和一六年くらいのとき与那原に引っ越したので、あっちは、楚洲の長嶺徳山さん（『野山がコンビニ』第一章参照）が管理していなかったかね。ミカンつくりしていたから広かったよ。長嶺さんがそう言いよった。ジープには一軒だけ。カヨウというところも含めて二軒あったけど、戦争の時に一緒に避難して出たさ。誰もいない。このジープグヮーの屋敷はイシジー（礎）も何もかもあるはずよ。あの時代に立派なウヮーフル（豚便所）もつくっているから、相当なものだったはず。ヌチヤー（貫屋）で、丁寧に建てられた家だった。私は、小学一年から宜保にもらわれて行っている。そして私が卒業する年の一二月に与那原に引っ越したわけ。三月は卒業するさ。与那原に行ってじき、そこになれないうちに卒業したらいけないから、楚洲を卒業してから連れにくるよと、約束してユッパーの実家に帰ったわけ。そしたら宜保の姉さんは、三月の二三日卒業式だったけど、卒業式前日に連れに来ているわけよ、卒業式やったらすぐ、翌日は与那原に行った。

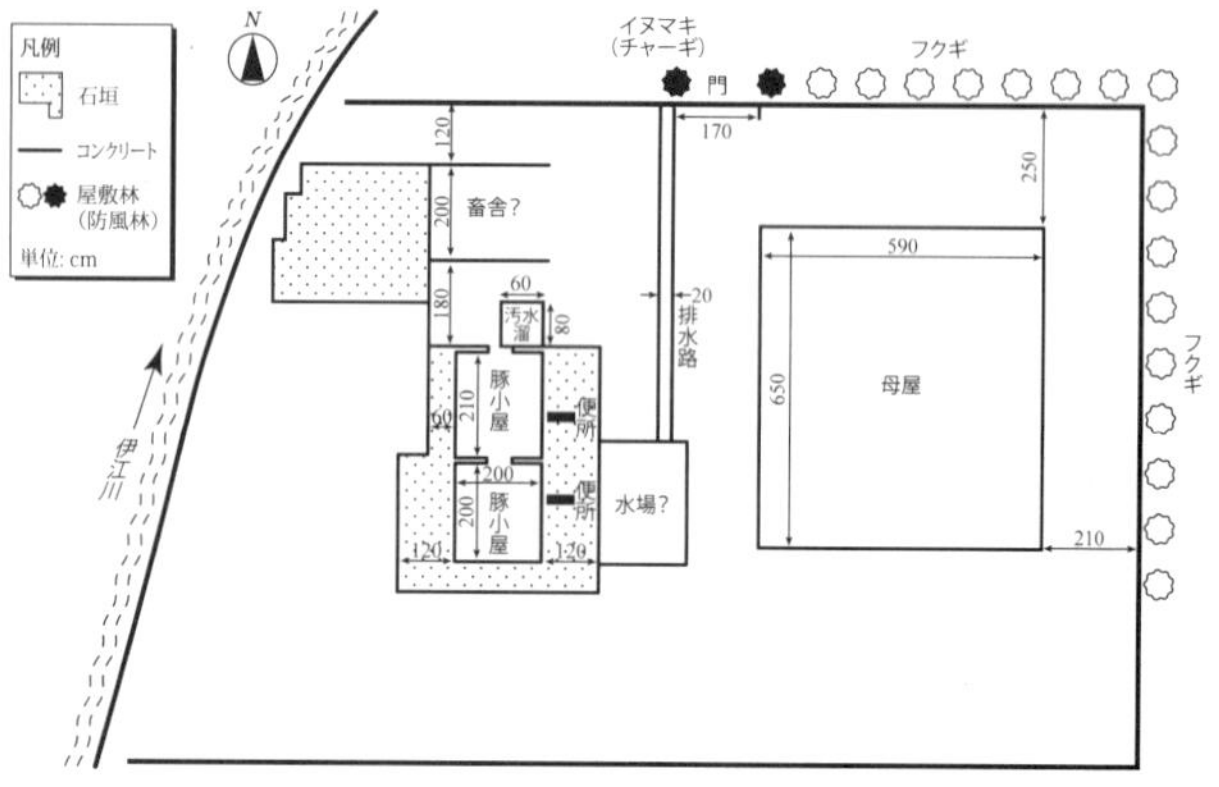

図１　宜保家の住居間取
（現場計測と美津子さんへの聞き取りによる復元）

一〇月空襲激しくなったころ、私は那覇の病院にいた。状況が悪くなったから、家から帰ってきなさいと言って、連絡があって、ユッパーの家に帰った。あれから那覇には行かれなくなった。私の住んだ与那原は、みんな全滅。ちょうど弾薬倉庫があったところだから。与那原に住んでいたのは、約二カ年かな。ジープのお父さんは、与那原で艦砲射撃の直撃弾をうけて亡くなった。亡くなってから、お母さんと、おばあさんと、兄さんが来ていた。兄は戦前の巡査だったよ。結核なってからこの人の奥さんと避難して来ていた。

写真3　宜保家のウヮーフル跡

戦前のユッパーでの暮らし

――父親の幸太郎さんはユッパーにいたんですか。

美津子　親父は、元々は、大宜味村の田嘉里の出身。ユッパーでは山稼ぎしていました。炭焼きもやるし。いろいろしよったさー。薪もしましたよー。我地に出していました。キチグヮー（垂木）に使うイーク（和名モッコク）を伐ったり。あっちは盗伐さ。親父はそのときは、木炭焼いていたわけよ。木炭焼くときは、ちゃんと幾らといって県から払い下げしてからやりよった。盗伐はなかったわけ。

親川　用材をとるときは盗伐しなければならないけど、木炭焼くときは皆伐するので立木を買うわけだ。

美津子　ちゃんと払い下げして山で伐ったので、県有も国有も、盗伐はしないですんだ。ヤマビシャ（山筆者）が幸太郎は正直者で盗伐はできないからと評判だった。あのとき盗伐した人は全部おっぱらわれたわけよ。そのために、うちらはずっと、一軒だけ残っていたわけよ。かえって損しているさー（笑）。

　それで、うちらが最後に住んでいたところの家はね、県有林の事務所だったわけ。ヤマビシャの事務所があいたから。饒波《ヌーハ》正一郎《セイイチロウ》さん（注1）は農林学校を卒業して最初の勤めはヤマカン（山係）だった。うちらはまだ学生で、毎日楚洲へ通うから、砂糖買ってきなさいと言って砂糖買わされたら、半分は食べてくるとか。うちら四名いたから。正一郎兄さん、正一郎兄さんと呼んでいて、もう友達みたい。

――戦前、他の人たちは追い出され、みなさん戦後までこうして残っていたわけですね。

美津子　はい、一軒だけ。あと、前はヒナジヤーといって、上の方にもう一軒あった。ヒナジヤーから西海岸みえよったさ。あっちも名護に引っ越していたから、もううちら一軒だけ。

一雄　辺野喜から上がってきたら、ヨコッパには右側に降りるさ。ヒナジヤーは左側ですよ。左側は奥まで道だはずよ、今はアスファルトされているはず。

戦後のユッパーの暮らし

美津子　戦時中はヨコッパだったけど、終戦後は、楚洲に出たわけ。楚洲から、アメリカーのトラックにのせられて、辺土名の上島に収容されたわけよ。あっちから田嘉里に来たわけさ。また、少し落ち着いてから、うちの親父が自分は財産が何もないから、田嘉里では生活できない。ユッパーのほうがよいと言ってまたあっちに行ったわけよ。戦後はユッパーに戻って、うちらはもう、兄さん達はずっと早くから出ていたので、女の姉妹だけ四名、山仕事をしていた。あのときからは、親父は何もできなかった。ビールー（体が弱い者）なってからよ。お母さんはまた、ハタラチャー（働き者）だった。親父は竹細工したりして、暮らしはどうにかやっていた。戦後は炭焼きはできなかった。主にヤギだね。牛もいたよ。伊部のタワタさんから牛をもってきて豚も養ったよ。灯りは、石油ランプ。あの時代だったら、うちらは五分ランプだったね。灯油は、あのころ中心だった我地で薪などと交換していた。食事はご飯だけだったよ。

一雄　こっち（田嘉里）よりユッパーがよかった。こっちはボロボー（お粥のようなもの）と、お芋。

美津子　芋は作る暇がないわけ。収入になるものを毎日稼がなければいけないから。これでお米と交換して買うから。畑があっても芋をつくるヒマがない。だから毎日山稼ぎ。

――山稼ぎは許可を受けてからとったんですか？

一雄　でもよ戦後でも厳しかった。イークーギチといって、キチは瓦を載せてる丸い木材（垂木のこと）。

美津子　与那原船[注2]にはナイムンドゥクヌヘーサンギチ[注3]といってから、これくらいに束ねられている。竹も出るしね、ヤマダケ。そういったのもよく出した。イークとか木材とかは、我地まで運んで品物と交換。与那原船からもってくるから、お米買ったりソーメンとかそういうものと交換した。

――伐採等はだいたい県有林や国有林が厳しかったのですか。

一雄　本当は木そのものを全部伐ってはいけないわけ。

美津子　だから、これだけヤマビシャが認めていたわけ。ちゃんと届けてやっていたから。

一雄　ヤマ（立木のこと）買って、しよったさ。この山係はいつ、何日ごろ巡回するかということを覚えていたので、その時は買ってる山に行って、他の日は盗伐し保管しておくわけ。辺野喜から登ると、右側の山、フンガーに下りる山、買ってね。

美津子　あっちは坂さあね。大変だったよー。運ぶといっても。

――イークキチを女の人が運んだんですか？

美津子　五本くらい。これが上等のときは、一間半（約二・七メートル）くらいあった。頭にぼろ切れのガンシナーやって。うちの母はね、小さいときからとっても苦労していたから。戦前のことだけど、母親は自分の息子の子守も頼めない、子守を頼んだらこの子守に着物を買ってきせなければならないから。これを避けるために自分で子どもをおんぶして、イークを頭に載せて、我地まで運んだ。私も母親と同じようなことをやったよー、我地まで。毎日やったさ。毎日行かなければ食事代ないのに。今思えば、外国の原始林みたいな生活さ。

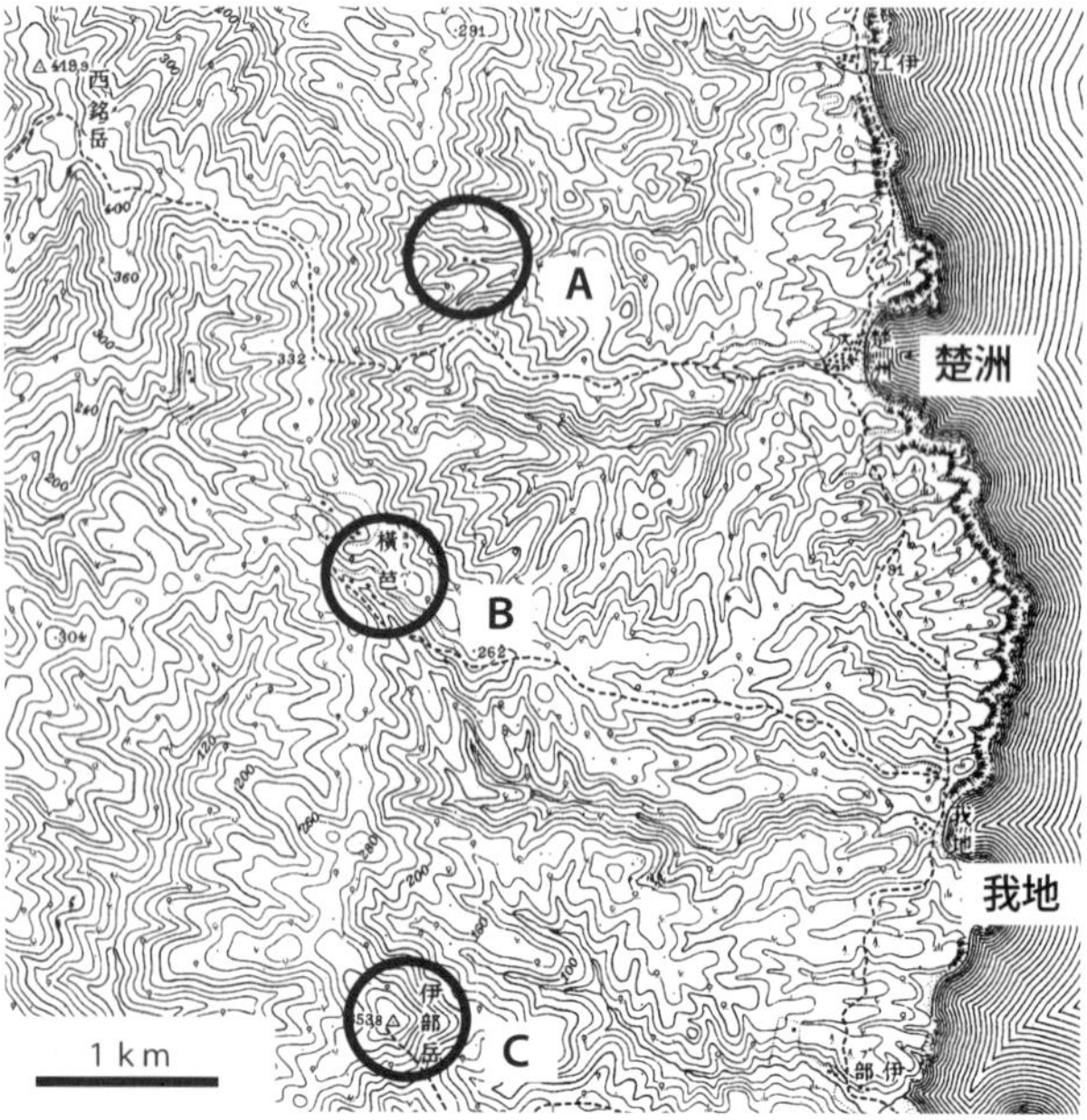

図２　戦前のユッパー付近の地図
　A：ジーブ開墾、B：ユッパー、C：伊部開墾

ユッパーから田嘉里へ

親川　みなさん昭和二六年に結婚しましたよね。結婚してから美津子さんはどこに住んでいたのですか。

美津子　ユッパーにもいた。

一雄　ユッパーで、角材削ったりしていた。材木といっても、我地では田嘉里の半分値段しかしないわけ。田嘉里はずっと高かった。(結婚してからは) オバーと自分の二人で運搬するの、いつも四、五本ぐらいは削ってから、山稼ぎしよった。売るのは我地で、海岸まで運搬するわけ。

美津子　ユッパーではもう、生活費さ。お米と交換したり。みじめな生活ではあったが。

一雄　結婚してよくなっていったさー。

美津子　当時の食事は、みそ汁とご飯。おかずとかそういったものはないが、クランソーだけはつくりよった。どこでもできるさ。チントゥウィーはレタスみたいで、あれ、山に一番適している。一年中あった。我地の一〇人くらいの人は、みんな元気者だった。伐り出しに来て、雨降って行けないとき、チントゥウィー・ニチカマと言ってソーミンチャンプルーを作った。ソーミンは箱ごと買いよったわけ。二束ずつ何名分といって作っていたから。みんな共同。だいたい、ソーミンとこれしかないさ。またチンヌクー（サトイモ）よ。よく作りよったから。うちの母はあれが得意だった。

一雄　チンヌクジューシーは最高よ。また上手だった。絶対あれには敵《かな》わんよ。

父のこと

――父親の幸太郎さんは昭和三六年に亡くなったようですけど。山から下りたのはいつですか。

美津子　田嘉里でシゲコが生まれて、三歳くらいのときにやってきた。昭和三三年。

一雄　我地の方たちは、幸太郎オジーが田嘉里に行ったらすぐ亡くなるよと言っていた。あんなして、体の弱い方が辺野喜まで歩いて行くのだから。

美津子　車もないから歩いて。辺野喜まで。

親川　ユッパーから辺野喜までは歩きなので弱っている幸太郎さんにとっては大変な事だったんですね。

美津子　親父はサキジョーグー（酒好き）だったから、酒の飲み過ぎで体こわした。厳格な人だった。人のうちに入るにも、すぐには絶対入らない。足も洗ってから入りよったからよ。酒を飲んだら、人の家に泊まらない。我地からユッパーまで約一里あるさ。どんなに酒飲んでも歩いてきよった。だから、もう、親父が来ないとずっと心配で、迎えに行ったら、「ヌーガ（どうして）」と言って、怒りよったわけよ。迎えに行かなかったらまた怒りよった。難しい人だった。オバーは「ウッチャンナギトーケー（放っておけ）」と言っていた。心配だから、テービー（手火。枯れた竹を束ねて作った）をつけて迎えに行ったら、お父さん、お父さんして、おーいと言ってあっちから来るねと思ったら、「ヌーガ、ナンクル　ヤートゥメーティ　チューンドゥスル（なんだ、適当に家を探して帰るのに）」と、言いよったからよー。

ハブのこと

――昔はハブもいて大変だったのでは。

美津子　毎日歩く道だのにハブはあんまりはいないよ。よくハブ捕りよった。母は、あのクハー（和名ヒメハブ）にやられた。痛みはないがものすごく腫れるよ。あのときはちょうど、タングー（炭俵）に使うグシチャー（和名ススキ）を刈りに行っときに咬まれた。ちょうど小指のところ。あれはいったん咬まれたら、歯がこんなに曲がっているからぬけないわけ。毒が入ってからこんなに腫れていたよ。歩けないし、もうタングーも持てない。うちらが大急ぎでヤブー（民間療法で治療する人。お医者代わり。開墾地にいた）呼んだら、この人が来たけど、足の傷をみてすぐクハーとわかり、たいしたことがないということで帰った。

一雄　何よりも怖いのはハブよ。うちらは山稼ぎのとき、ハブに咬まれた人をそりにひっぱってきたが、もたなかった。二時間以上たっていた。二時間たったらもう大変よ。ぎりぎりだね。咬まれた場所にもよる。

美津子　うちらが戦時中避難したときは、もっと山奥に避難したわけよ。避難した家の下にハブがいたわけ。うちの姉がすわっている着物をヒキヒキしよったから、こうして見たらハブがいた。すぐ捕った。炭で焼いて食べた。カエルも食べよったよ。そんなになかったね。

一雄　僕らは煙草は吸わんが、草刈りに行くときにマッチ持って歩いた。マムシ（ヒメハブのこと）、アカマター、ハブを捕ったら山で、食べよったわけ。ハブはみんな焼いて食べた。クヮッチー（ご馳走）。美味しいのはアカマター。それでマッチは持って歩いた。年をとった方たちは、山稼ぎしているときハブなどを捕って、焼いてから、クワズイモの葉っぱに包んでから、木材と一緒に担いできよった。

美津子　ジーブにいるときに、お父さんは首里人《すぃんちゅ》だからね。何でもわかる人だった。ハブ捕ったら、すぐさいて、油とって、アンダカシー煎ってから、髪の油とか、傷薬に上等と言って溜めていた。わからないのはなかった。何でもできた。お父さん（宜保）は士族だった。

母親のこと

――美津子さんの母（カマト）の出身は？

美津子　うちの母ね？　うちの母の話をしたら苦しい。原始人でもあるさー。出身は本部伊豆味だけど、生まれはトゥマイ（那覇市泊）の伊佐って。うちの母親が生まれて三ヵ月でその母親が亡くなったから、男手ひとりで赤子を育てることはできないから、泊の伊佐にもらわれたらしい。同じ伊佐姓だけど、泊の伊佐は子供いないで、夫婦だけで暮らしていたというから、この家にもらわれたわけ。養子ングヮ。それから、ずっと子守ばかりしているうちにそれがいやになり、一三歳のときに伊部に逃げてきたって。伊部の山で、オジー（幸太郎）と一緒になってるわけ。苦労したらしいよ。母親は、生まれてからずっと籍なしで。だけどジーブグヮー（宜保さん）は、いくら罰金出ようと、こっちが持つからということで宜保アンコウさんの籍にのせたわけ。それで、戸籍上は、宜保カマトになっていた。

親川　美津子さんのお兄さんたちもユッパーで生まれ、戦争で亡くなったですよね。

美津子　お兄さんたちは、糸満売りに行ってるから、うちらと生活は一緒にやってないさ。うちは生まれていたはず。おぼえがないころに売られた。長男兄さんは尋常六年まで出ているが、二男は尋常三年まで。糸満売りされてから二一歳の時に帰ってきて、また、すぐシンガポールに行ってた。それから帰ってきて、また、軍属でフィリピンに行った。だから、うちの母は、戦後ユッパ開墾に行ってから、山から帰りながら海をみたら、「海人《うみんちゅ》にさせなければ、山仕事をして、戦地にも行かずに命はあったはずなのに」と言っていた。

宜保家のこと

美津子　（宜保のお父さんは）道から歩きながら、一緒に帰るでしょ。私だけに「人の畑、土地の一粒でもね、人の境を削ったら、これだけ悪があるから、こんなしてはいけないよ」ということを細かく話しよった。私はこれ聞いていたから、亡くなったという知らせを聞いて、ウムチチ　イミミーンヤー（相当、夢に出てきた）。猟銃ももっていたからね、ヤマシシも捕っていた。デージ何でもわかる人だった。屋敷の松はこんな大きかったよ。フクギの側にミカンもあったよ。土地は与那原に出るときに、人手にわたった。

家にいくところの、川づたいに雄の大きい牛を繋いでいた。オジーは酒が好きで酒の臭いしていた。休んでいるところを、牛にやられて亡くなった。私は一年生だから、何もわからないさ。私が学校から帰るときは、もう、おばあさんから、お母さんも、姉さんも泣いていた。私は、カヨウのオバーに「なんで皆泣いているの、なにかねえ」と聞いた覚えがある。

――ジーブの家も炭焼きやっていたんですか。暮らしは？

美津子　奥から来た知り合いが、うちに泊まってから炭焼きをしていた。ジーブは、炭焼きもちょっとやっていたが、農業専門。芋もお米も作った。畑はみんな段々畑。開墾の土地は上等。牛もいるし、肥やしも良く、金肥は使わない。牛の糞とかそういうもの使ったから。食事はごはんと芋。味噌もあの時から作っていた。ジープはユッパーとは生活が違うね。芋とかそういうもので自分の生活を満たすことができた。また、とれた作物を楚洲の人が買いにも来るし、魚とかとも交換しよったわけ。それで、とても裕福ではあった。

すばらしい人たちだったよー。

——今日はいろんな話してもらいました。ありがとうございます。

（聞き手　当山昌直・渡久地　健）

注1　元国頭村長。大正八年生まれ、二〇一〇年五月に逝去。昭和一三年から一五年まで県有林の事務所にいた（親川栄さんによる）。

注2　帆船ではなく、米軍上陸用舟艇らしい。ヤンバルでは、戦後しばらくは山原船に代わって、米軍払い下げの上陸用舟艇を利用していた（親川栄さんによる）。

注3　「実るものを這わす垂木」という意味。例えばヘチマの棚の材料等（親川栄さんによる）。

第３章　基地の中の村アニンドーの思い出

話者　宜野座村漢那《かんな》　玉代勢義雄《たまよせよしお》さん

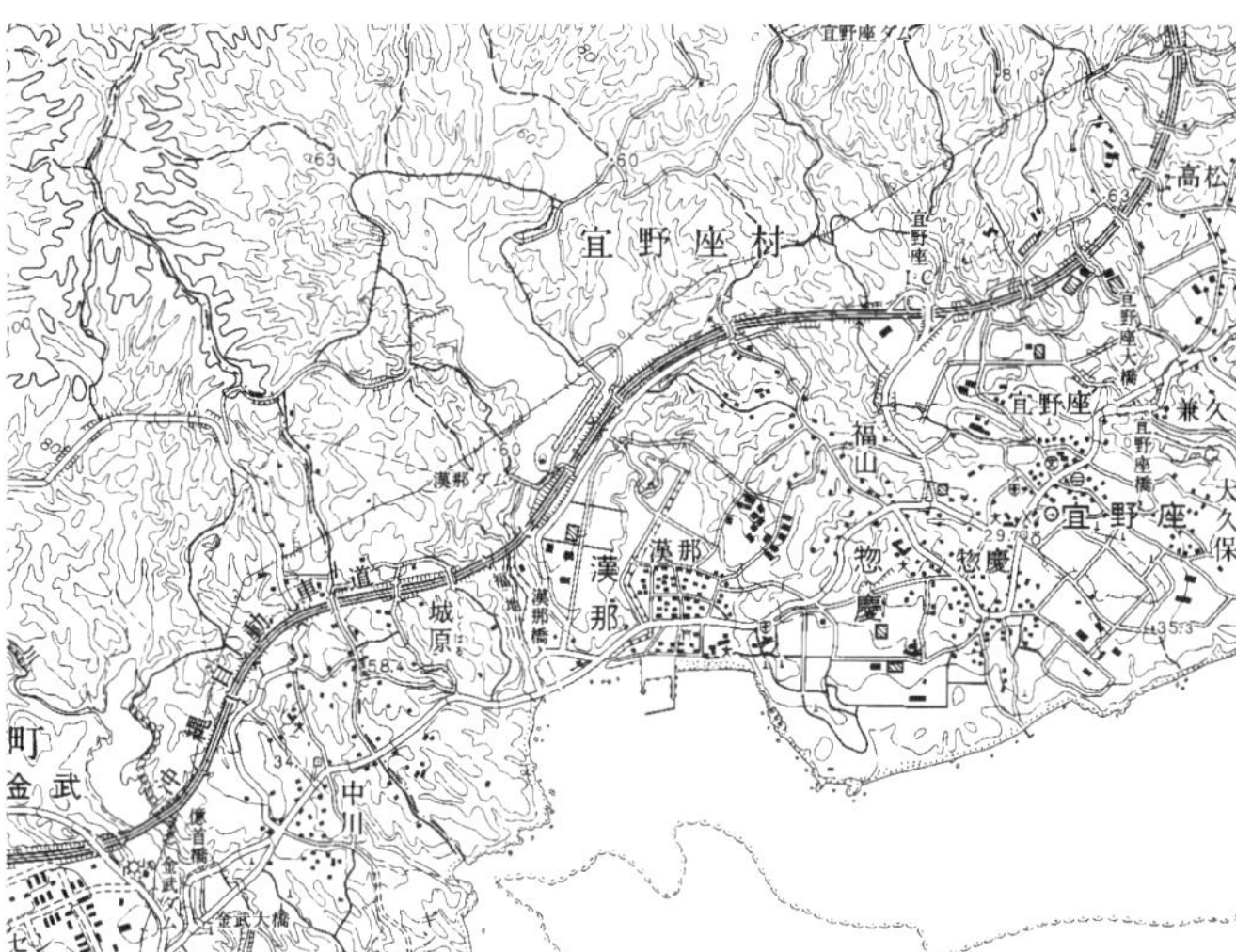

宜野座村漢那の、現在は米軍基地内となっている山中に、かつて安仁堂（アニンドー）という集落がありました。宜野座村博物館の知名定順さんにお会いしたおり、ヤンバルではシイの実やオキナワウラジロガシのドングリのことを「アニン」と呼ぶことから、安仁堂という地名は、こうした「アニン」の拾える「ドウ」（平たい場所の意）という意味ではないかというお話をしてくださいました。この話にとても興味がひかれたため、安仁堂に住んでおられた方からお話を聞く機会を探していました。その結果、宜野座村教育委員会の平田修さんの紹介で、昭和七年、この安仁堂で生まれた玉代勢義雄さんのお話を二〇一〇年二月二五日にうかがうことができました。義雄さんは成人されてからは写真関係の仕事にたずさわってこられ、現在は北谷町にお住まいです。聞き取りには、知名さん、平田さんにも同席していただきました。

安仁堂への入植

――今日は安仁堂のお話を聞きたくて、こうしておうかがいしました。

私は安仁堂で生まれて、小学校の一年のとき、一学期と二学期だけ大阪の小学校に通学しました。これは親父が大阪に働きに行っていたからです。その後また安仁堂に戻ってきて、小学校の二、三、四年と、安仁堂から宜野座小学校まで通いました。四年の途中で、安仁堂の近くに新しく開墾された福山に移って、そこで終戦を迎えます。ですから安仁堂で暮らした記憶は小学校にあがったころから、四年生ぐらいまでのことです。残念ながら小学校以前の記憶はないんです。

――そのころ、安仁堂には何軒くらいの家があったのですか？

私が小学校の二年生のころは、五、六軒だったと思います。そこに子どももあわせて、三〇名くらい住んでいました。安仁堂は山を隔てて前集落と後ろ集落がありました。前は、玉代勢家、山内家、運天家と後一軒。そして、後ろは、ミーヤー・ヤマチグヮー（新家・山内小）、知念家と私は覚えています。安仁堂では、若い人は外に稼ぎに行きました。玉代勢では私の父が二〇歳で結婚、二二、三で内地に出稼ぎに行ったようですが、ほかの叔父、叔母は結婚前に内地に行っています。

――安仁堂は開拓集落だったわけですか？

私も自分が七〇歳になったから、伝えたいことを書き残そうと思うようになりました。私の祖母は北谷出身だったんです。その祖母の甥が数えでもう一〇〇歳になりますが、その人に五年ほど前、話を聞きにいったことがあります。

この人は野村安栄さんといって、一九一一（明治四四）年生まれです。この人の祖父は野村安通さんといって、北谷の勢頭《シードゥ》出身だったんですが、一八九三（明治二六）年に、同じ集落の山内や稲嶺という人たちと移住をするわけです。最初から安仁堂をめざしていた

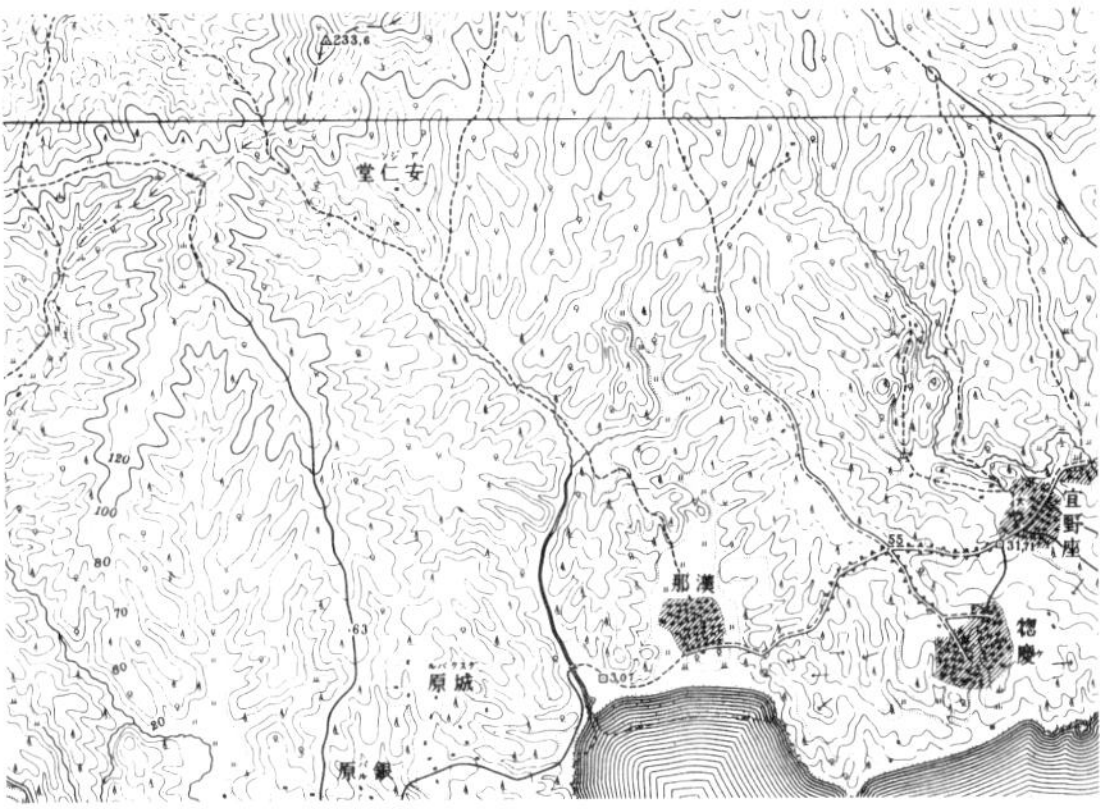

図３　大正時代の安仁堂

わけではなくて、最初は久志をめざしていたそうです。久志にでも行ってみようかと。ところが漢那まで来たときに夜になったので一晩泊まることになって、そこでお世話になった区長さんから安仁堂に行ってみてくれないだろうかというような話があったそうです。それで安仁堂に落ち着くことになったんです。そのころも、すでに二、三軒の家があったそうです。ですから安通さんたちが安仁堂を最初に開拓をしたわけではありません。でも、最初に誰がどんなふうに開墾をしたのかという話は、私はわかりません。安通さんが移住をしたのは四〇歳ぐらいだったそうです。

私の祖母は一八七二（明治五）年生まれで、二一歳のときに安仁堂に移住しています。名前はウトです。その祖母の弟の子どもが安栄さんです。安栄さんが六歳のとき、野村家は再び安仁堂から嘉手納へ引っ越しすることになりました。そのとき、私の祖母は安仁堂の玉代勢家に嫁いでいたので安仁堂にとどまりました。祖父方の家は首里から宜野座へ移り住み、祖父が安仁堂へ住み込みで働きに来ていました。祖母、ウトと結婚し、子どもは男が五人、女二人です。私の父はそのうち四男になるのです。

学校へ行ったのは男たちだけだったそうです。安仁堂から漢那までの険しい通学環境が女の子には妨げになったと思います。また、その時代、「女は学校に行かなくてよい」という差別的な風潮もあったようです。私の父は、安仁堂から三つ年上の兄、百豊と同じ学年で一緒に宜野座小学校に通ったといいます。

安仁堂は村外からの人たちが移住している開墾地ですから、使われている言葉も、漢那や惣慶《そけい》や松田とは違っていましたよ。いわゆる、士族の流れを汲む、共通的言葉でした。

安仁堂の暮らし

――安仁堂の人たちは、どのような暮らしをされていたのですか？

基本的には農業です。いわゆる、サーターヤー（製糖工場）が二ヵ所にあったのを、私は覚えています。このキビが換金作物でした。畑にはイモやチンヌク（サトイモの仲間）、また、田んぼには稲やタイモも作っていました。イモのほかに、豆腐を作るダイズや味噌を作るトーマーミー（ソラマメ）も。そして野菜は大根やニンジンも少々、作っていました。安仁堂は山の中にありますから、人によって、例えば私の叔父とかは、字の許可を得て薪を出していました。高さ一四・五メートル、直径二〇センチ前後のシイの木を伐採し、長さ四五センチ前後に切り、斧で四つ割りにし、直径二〇センチ前後のワッパ状にした山竹か、山カズラを使って、上下二カ所を縛り、一定規格の束に仕上げたものです。今、寸法を「前後」などといったのは、私の目測だからで、正確には覚えていません。そして製品は馬車で漢那に運んでいきました。漢那には買い取る業者がいたと思います。安仁堂の仕事といったら、田畑では農耕、山では薪だし、それに炭焼き[注1]などです。子どもたちは大きくなると、集落を出て、稼ぎに行ったようです。私の伯父や伯母たちも、みんな県外に稼ぎに行きました。

――安仁堂に住んでおられたころは、まだ小学生の低学年だったということですが、仕事の手伝いは何をされたのですか？

まず、当時の私の家族構成は祖父母と五男叔父の四人でした。五男叔父は山仕事も兼ねていて、日中、うちにいないことがあり、学校が休みの日には、私もイモ掘り等をしました。先にカズラを根っこから刈ります、面積は畳二枚分ぐらいですね。イモ洗いもよくしました。家から三〇メートルぐらいのところに幅二メートルほどの川が流れていて、その川で洗いました。私の家には井戸がありませんでしたので、飲み水もこの川から運びました。家には馬がいて、その馬の草刈りは祖父が専らうけもっていました。ヤギとブタのえさやりは祖母が担当でした。ニワトリは放し飼いでしたが、その卵は祖母が漢那に売りに行き、髪油など、農業で得られないものを買ってきました。田んぼの耕し作業にも駆りだされました。耕してから木の葉っぱを肥料として泥の中に足で敷きこみました。イモのカズラはブタの飼料になくてはならないものですので、田んぼには使わなかったと思います。周囲が山ですから、葉っぱの大きな木の枝を採ってきて、それを踏み込みます。使っていたのは、主にユーナ（和名オオハマボウ）の葉っぱです。粉の肥料（化学肥料）がありますが、お金がかかりますから、その当時は使いませんでした。

後の話になりますが、戦後、高校時代は漢那のある篤農家の家に住んでいましたが、漢那の田んぼでも、葉っぱを肥料に使っていましたよ。このとき、やはりユーナを使いました。漢那では、屋敷囲いの防風林にユーナを植えていましたが、田んぼの肥料に敷きこむ目的で備えていたのだとも思います。

——当時はもちろん、電気は通じていませんでしたよね？

ランプ生活です。囲炉裏《いろり》もありました。山と隣り合わせの環境ですので、薪は豊富にあり、お金はかかりません。そういえば、石油はお金がかかるので、「早く寝なさい」とよく言われました。大人は、囲炉裏の火だけ燃やして、しゃべっていました。冬は寒かったですけど、おかげで鍛えられました。寒いといっても内地のように雪が降るわけでもありませんし、せいぜいアラレが降るくらいです。子どもだったので、アラレが降ると喜ぶくらいです。

安仁堂は山に囲まれているので、朝日が登るのも夕日が沈むのも見られません。それでも、だからこそ、山の鳥たちのさえずりがよく聞こえました。人間が笛を吹いているような感じで鳴く鳥もいましたし、何かを訴えているような、時には泣いているような感じで鳴く鳥もいました。まだ物思いをはじめたばかりの年だったからですね。なんだか、いつも誰かが来て笛を吹いてくれているようなイメージを持っていました。

季節を感じたのは、春になって道端の木々の若芽が芽吹くころです。若芽の色で、風景が変わって見えて、楽しかったですね。松も春になると、若芽がまるで線香を立てたように一斉に空に向かって立って、風景が一変して見え、感動しました。

生き物たちとのかかわり

――安仁堂という地名の由来については聞いていますか？

聞いたことはないですね。

――アニンとはヤンバルでオキナワウラジロガシのドングリのことをさす場合もあるようなのですが、安仁堂あたりでは、この大きなドングリを見たことはありますか？

カシの実は見たことがないですね。シイの実なら、拾ってきて、炊いてご飯に混ぜたりして食べていました。シイの実拾いにもシーズンがありますから、ああ、そろそろかなと思うことがありました。私は家の手伝いもあって、自分では炊いて食べるほど拾ったことはありませんが、一度、バケツ一杯、拾って帰ってきた人を見て、びっくりしたことがあります。

イノシシの捕獲をする人もおりました。趣味ですが、タンパク質の補給にもなりますから。イノシシを捕るのは猟銃とイヌを使ってです。うちの叔父がやっていました。猟銃の引き金にテグスをつけて仕掛けるという罠もしていたようです。その仕掛けで二回くらいイノシシが捕れた覚えがあります。私はイノシシ狩りの古い罠の一つの、落とし穴を二、三ヵ所でみたことがあります。一度、祖父と生イモをもって落とし穴を仕掛けに行ったことがあります。しかし、えさが腐れてなくなるまで、罠にはかかりませんでした。穴は直径一メートルくらい、深さ二メートルくらいで作られていました。

安仁堂の集落の中を川が流れていました。両脇の土手に木が生えていて、その木が覆いかぶさっているような、それほど大きな川ではありません。その川でよく捕れたのがガニ（モクズガニのこと）です。黒っぽい、ハサミのところに毛が生えているカニです。ガニディールと呼ぶカゴを編んで、夜、そのカゴを川の中に仕掛けて、朝、見に行くと、一匹、二匹と入っているわけです。このガニは、おつゆの中に入れて炊き、よく食べました。だしが効いて、おつゆがおいしくなります。これとは別の小さいカニもいましたが、食べ応えがないので食べませんでした。ガニディールにはエビも入ります。私はこのエビが一番好きでしたね。川からはたまにウナギも捕れましたよ。二〇センチぐらいで細長いウナギです。こんなふうに川からの恵みがありました。魚は大きいものはいませんでしたが。ですから、うちには釣り道具はなかったです。

夜、イジャイ（イザリ）というのがありますね。漢那は海に近いですから海のイザリができますが、安仁堂は山の中ですから、安仁堂ならではのカーイジャイというのがあります。川のイザリです。夜、枯れ竹で作ったタイマツをたいて、どこの川と決めて、下流の方から上流の方へと登るのです。こうして食べ物を得るわけです。私はまだ小さかったですが、大人について行ったことがあります。イザリの対象のひとつにワクビチ（和名ホルストガエル）がありました。これは好物でしたよ。食べ応えがあります。焼くと味がいいです。とくにワクビチ沼という沼があって、夕方、日が暮れると、声がたくさん聞こえてくるので有名でした。ただし沼は草がたくさん生えていましたから、なかなか中に踏み込む気がしません。だから、よほど意欲のある人でないと、ワクビチ捕りに行きませんでした。

また、大人たちがササといって、ササギの皮を剥いてついて粉にしてから、夜になって川の上流から流して魚を獲ることもありました。このときは魚もいるだけ浮いてきます。

――ササというのは、魚毒のことですね。使ったのはイジュの皮ですか？

そうです。私自身はやったことはありませんが、大人たちがササを流した翌朝に、魚を拾いに行ったことはあります。

通学路のこと

――安仁堂から宜野座の小学校まで歩いて通われたということでしたが、かなり遠かったのではないのでしょうか？

ここに、昭和二〇年に米軍が撮影した空中写真があります。県の公文書館にあるもののコピーです。安仁堂は山の中にありますね。ちょうど沖縄島の真ん中くらいのところ、島の東西の中間です。東に行くと、漢那です。西の恩納村・名嘉真まで行くことのできる山道もありました。小学校に行くには、まず漢那まで歩いていきます。大人の足でも三〇分くらいでしょうか。そこから宜野座まで、また歩いて三〇分くらいです。

小学一年生のときは、一学期、二学期までは大阪にいましたから、そのときは靴を履いて通学していました。それから安仁堂に戻ってきて、その靴がダメになってからは、裸足で通学です。裸足だから、雨上がりの道とかはすべります。赤土ですからね。ですから歩くときは足のツメをたてて歩きなさいと教えられました。大阪から戻ってきてからは、祖父母と一緒に暮らしていました。祖母はそのとき七〇歳だったのですが、出歩くのが好きで、よく漢那まで集落の郵便物を取りに行ったり買い物などをしていました。その祖母にツメをたてて歩きなさいと教わったんですよ。

昼間、道でハブを見たことはありません。草むらを歩くときはハブに用心しましたが。アオダイショウ（リュウキュウアオヘビのこと）はしょっちゅう見ました。これは毒のないヘビなので、たまに捕まえて遊んでいました。イノシシが道を横切るところに出くわす

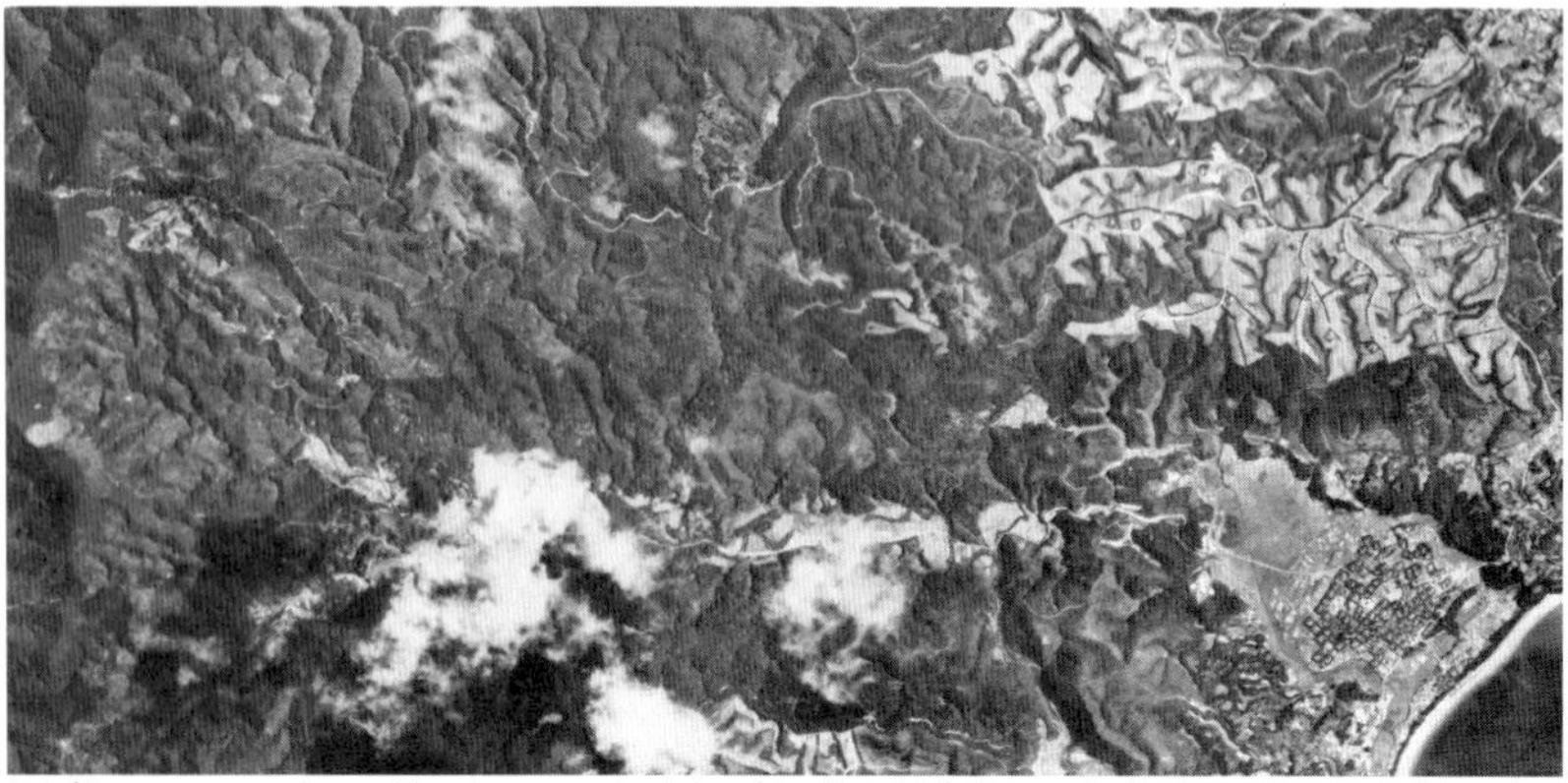

写真4　1945年2月28日の空中写真（写真左側の点在する裸地が安仁堂、右側の集落は漢那）

ことはよくありました。子どものときはのらりくらりと、漢那から安仁堂まで、帰り道は一時間ぐらいかかりましたよ。漢那で夕方まで友だちと遊んでいると、帰り道が暗くなってしまうこともよくありました。ギーマの実が熟れるころはギーマの実を食べたり、ティカチ（和名シャリンバイ）の実はタネが大きいですが、これも皮は食べられるので、その皮を食べたりしながら。

漢那から安仁堂へ戻る道で、最初に渡る川にはコンクリートの橋がかかっていました。二番目の川を渡るところには、橋がかかっていませんでした。普段は水深が二〇センチほどしかないのですが、雨が降ると水かさが増して渡れなくなります。そんなときは学校には行けません。休みました。三番目に川を渡るところは木の橋でした。その橋の上流に、水のたまりがありました。そこで泳いで帰って怒られたりしました。私はこのたまりで一人、泳ぎの練習をしたんですよ。四番目の川も橋のないせせらぎでした。ここを渡ったら、長い坂を上っていきます。この道は馬車道でしたが、坂のきついところは、馬車引きも馬車を降りて、加勢しながら上っていきました。この坂は雨が降ると、よくすべりましたよ。上りきると、道は平坦になります。しばらく行くと道は下りになりますが道の両側が切り立っていて、これは人工的に山を切り開いて道を作ったところのようでした。この場所は、雨が降ると、道が川のようになり、土が流され、そのたびに補修をしていました。今はもう道は崩れて通れないかもしれませんね。そしてワクビチ沼をぐるっと廻っていきます。沼を過ぎて、ちょっと上り坂を行くと平坦地となり、広場のような三叉路に出ます。この三叉路が安仁堂の入り口です。安仁堂は、前と後ろの二つの集落があり、二つの間には小さな山に田んぼもありました。この三叉路を北西に下っていくと平坦地があり、田んぼ、畑、そして馬で動かすサーターヤーがありました。さらに、行く手に小高い「タカムイ」を目指して上り詰めると、そこからは玉代勢家などの家々が一望できました。一方、三叉路を北北東に登っていくと、ミーヤー・ヤマチグヮーがありました。

安仁堂から宜野座小学校に通ったのは、二年生になってからですが、最初の年は、安仁堂から通う子は、私一人でした。三年になって、一年生の子が一緒に通学するようになりました。一番多かったときは四人で通学しました。でも一九四二年の小学四年のとき、福山から通うようになったころは、安仁堂から通学する子は誰もいなくなりました。

安仁堂最後の日

——小学校の四年のときに、福山に引っ越されるわけですね？

そうです。でも、安仁堂にはそのまま実家は残っていました。次男の叔父夫婦と祖父と私は福山に引っ越したのですが、祖母と五男の叔父は安仁堂に住み続けていました。

福山は国の計画で開墾されたところです。中部方面からも人が住み着きました。四五〇〇坪の土地とセメント瓦葺屋根の家が一軒ついていました。作られていたのは主にイモです。ダイズは年に一度の収穫でした。野菜はナスやカボチャ、キャベツ等です。安仁堂ではナスを食べた覚えがありません。キビはやってなかったですね。キビをやるようになったのは戦後でしょう。私は小学校四、五、六年と福山にいました。

昭和二〇年の米軍による空中写真には、安仁堂に日本軍の兵舎が写っています。大きい天幕を張っていました。そこいらへんの山から材を切り出して、中南部に運んでいたんじゃないでしょうか。兵隊は二、三〇名ほどいて、実家にも一人、曹長さんが寝泊りをしていました。兵舎の近くの山の中に、はげたところが写っていますが、これは兵隊が炭も焼いていたので、(注2)その炭焼きのために、タンガマー（炭焼き窯）を作ったり、木を伐採したりして、はげたところです。私は大人について、兵隊たちの炭焼き現場を見てきました。その後、沖縄戦が始まる前に兵隊たちは安仁堂を引き払って、移動していきました。空中写真には兵舎と記入されていますが、兵隊の移動と同時に天幕は撤去されています。陣地などもありませんでした。そのころ、次男の叔父も、五男の叔父も、防衛隊に招集され、中南部に駆りだされて行ってしまいました。

一九四五年の何月かに、那覇から安仁堂に避難民がやってきました。三男の叔父さんは那覇で馬車引きをしていたんですが、仲間やその家族を連れ、四七、八名ぐらいで避難してきました。そのとき馬車に米俵を何十俵か積み込んできたんですね。確か、それが二月ぐらいのことだったと思います。米軍が上陸するのは四月ごろからですからね。叔父たちは、荷物や年寄り、女、子どもを下ろして、翌日また、那覇に戻っていきました。

沖縄戦が始まり、叔父たちも招集され、私は福山を離れ、安仁堂で避難生活をすることを余儀なくされました。米軍の飛行機も安仁堂は攻撃目標になってはいないらしく、いたって平和でしたが、それでも昼間は山の中に入っていました。とくに防空壕は作っていませんでしたが。やがて、中南部方面から、命からがら難を逃れた人々が、安仁堂をぬけて、さらに北部へと落ち延びていく姿が次第に増えていくようになりました。日がたつにつれ、戦いの生き残りとわかる、二、三人づれの日本兵の姿もみるようになりました。ただし、なぜかそれらの人々が、安仁堂に集結することはありませんでした。やがて、ある日、突然、安仁堂にも米兵が四人来たんです。最初は偵察に来て、そのときは、何事もおきませんでした。私はそのときは福山にいたので、あとから聞いた話です。その最初の偵察の翌々日かに、米兵がガソリンを持って上ってきたらしい。それを日本兵が待ち構えていました。このときの戦いで、米兵二名が日本兵に殺されました。ジープを途中で止めて降りて、歩いてくる途中に日本兵に狙い撃ちされたんです。私はその翌日に現場を見ました。この戦いのときも、私は福山に泊まっていたんです。それから二日、三日して、安仁堂は米軍の総攻撃を受けます。この日も私は福山にいて、安仁堂にはいませんでした。米兵を撃った日本兵は、たまたま中部方面から逃げてきて、安仁堂を通過しようとした兵隊たちだったと思います。その兵隊は、米軍の総攻撃のときは、反撃していません。山は広く、深いですから、どこかに隠れていて、戦わなかったのでしょう。だから激戦があったわけではありません。この戦いで死傷者が出たという話はありませんでした。ただし、総攻撃で、安仁堂の家はみんな焼かれてしまい、それが安仁堂、最後の日となったのです。

那覇から避難していた人たちは、みな無事だったと聞いただけで、どういう形で山を降りたか、詳しいことは聞いていません。安仁堂が焼き払われたのは、六月ぐらいだったとのことです。(注3) そのあと、私たちは福山から宜野座に移動しました。安仁堂も焼かれ、今度は福山の家にも住めなくなり、まさに米軍の脅威をひしひしと感じました。このとき、もう日本軍は沖縄を取り戻せないと感じました。福山は中南部からの人たちがどっさり避難してきたのです。宜野座の収容所にいるときに、日本が降伏したという話を、近くで野営をしていた米兵から聞きました。私は何月何日か全くわからない暮らしでしたが、八月だったということですね。その後、福山の区民は宜野座から惣慶に移動し、翌年の一九四六年にまた福山に戻りました。

戦後の安仁堂

戦争で安仁堂は焼けてしまったわけですが、この安仁堂という土地は、自分たちの財産ではなく、字の土地を借りていたんですね。戦後に私の祖父や伯父たちから、安仁堂の財産に関する話は何もありませんでした。戦前の安仁堂は、金武村・字漢那・安仁堂ということです。

戦後、安仁堂には住宅もなく、人も住んでいなかったと思っていましたが、最近、聞いた話では何軒かの家があって、一時的に、漢那小学校に三、四名の生徒が通っていた時もあったそうです。(注4) 安仁堂のあったところは、米軍の基地内になってしまいました。それでも軍用地である分には、まだ入れたんですよ。安仁堂のあった場所に入れなくなってしまったのは、漢那ダムができてからです。

まだダムができる前の一九六〇年ごろ、猟銃をもって山を歩いていたころがあって、そのときに安仁堂にも行きました。そのころ、安仁堂で山内さんという人が、パインを作っていましたよ。山内さんの先代は、戦前、安仁堂に移住していた方です。この山内さんは漢那に住んでいて、安仁堂でパインを作っていました。パインはここまで通ってもお金になりましたから。私はそのころ英字新聞社で写真の仕事をしていました。夜勤が終わってから、猟銃を持って、山を歩きましたよ。イノシシを撃てたら最高と思っていましたけれど、なかなかめぐり合えません。一九七五年に北谷に移り住んだときに、猟銃は警察に返しました。

七〇歳になるまでこうした話を子どもたちにも話したことはないです。自分のルーツについてもあまり興味はありませんでした。定年するまでの自分はいわば未来志向ですよ。過去を見ることはありませんでした。

しかし、七〇歳になってから、過去に対する責任を感じるようになりました。それで自分の祖母の甥で、今年百歳の野村安栄さんにも話を聞きに行ったわけです。うちの祖父や父は何の記録も残していません。私も、昔の話で忘れてしまっていることがたくさんあります。だから口で話して、伝え継ぐのはだめだなと思いました。記憶のなくならないうちに、自分の思い出とか書き残そうと思います。

安仁堂に行きたいですね。写真を撮りたいです。今は入れませんからね。空から飛行機で見るチャンスがないかなぁと思ったりします。こんなお話でよかったでしょうかね？

――本当に貴重なお話、ありがとうございました。私も安仁堂に行ってみたくなってしまいました。

（聞き手　盛口　満）

注1　知名定順さんのご教示によると、一九三二（昭和七）年、安仁堂の山内という人が、標準語がうまい等の理由で当時の金武村の代表として九州へ炭焼きの技術研修に出かけ、その技術が安仁堂から沖縄各地へ広がったという。

注2　これも知名さんからのご教示によるものだが、宜野座村のほかの場所では、戦時中に朝鮮人人夫が炭を焼いていた例があり、それを日本人の軍人が指導していたとのこと。

注3　『宜野座村誌』中の聞き取りによると、焼き討ちにあったのは、六月八日のこと。

注4　『宜野座村誌』によると、終戦前の安仁堂には三軒の家屋があったという証言もある。また、知名さんによれば、戦後も二、三軒の家屋があったという証言もあるとのこと。ただし、これは掘っ立て小屋程度のものであったらしい。

第４章　知花に田んぼがあった頃

話者　沖縄市知花《ちばな》　池原俊正《いけはらとしまさ》さん・岩佐幸子《いわささちこ》さん

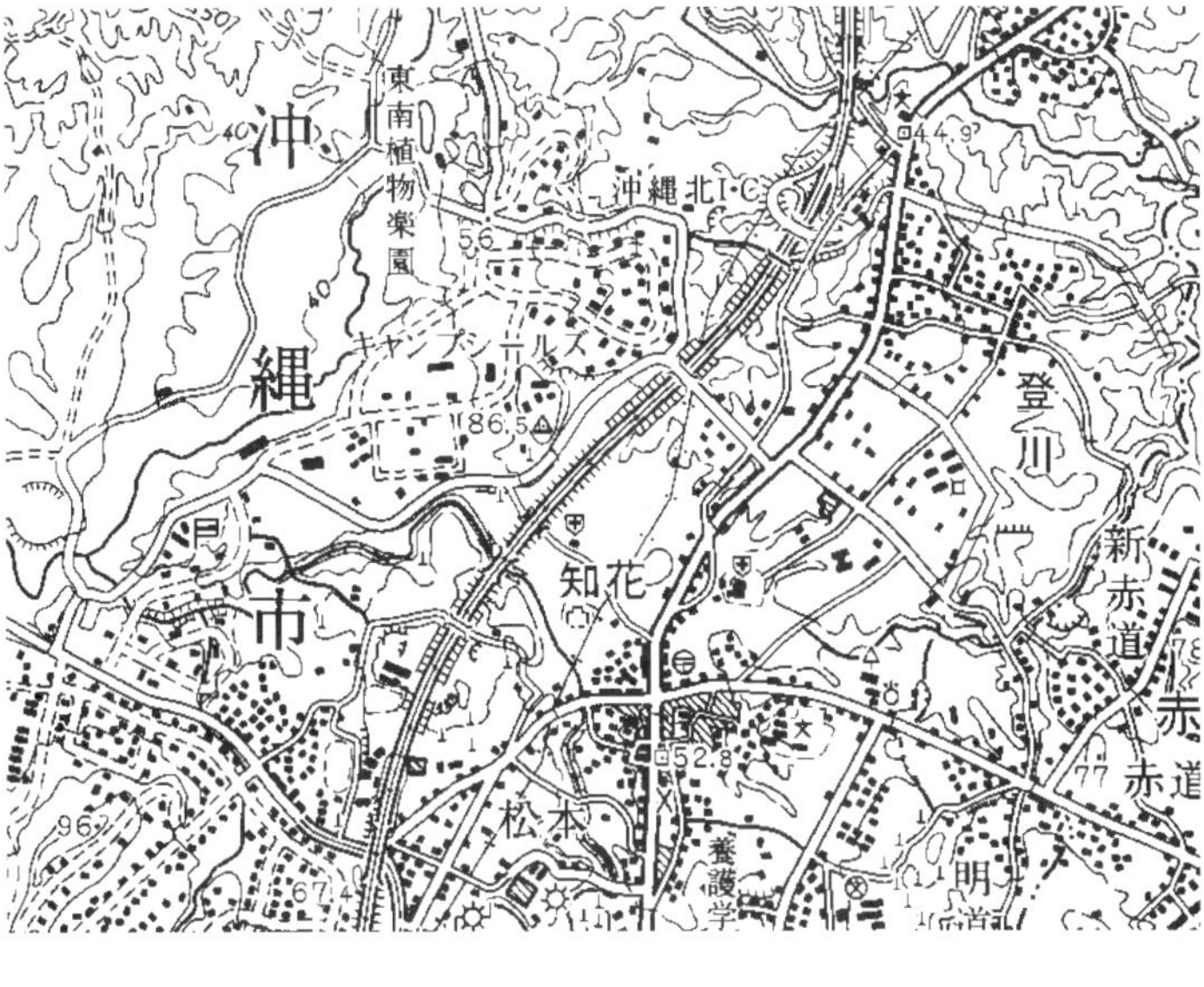

聞き手である盛口が、二〇〇九年八月一八日沖縄市の中央公民館で、子どもたちの夏休み自然講座の講師を勤めた際、沖縄市知花の戦後の暮らしを公民館の職員である、池原俊正さん（当時公民館長をされていました）と岩佐幸子さんからうかがう機会を得ました。池原さんは、昭和一九年生まれ、岩佐さんは昭和二八年生まれですが、「沖縄市の中でも知花は田舎だから、他の集落よりも、一〇年ほど前の暮らしぶりを体験しているかもしれない」と岩佐さんはおっしゃっていました。現在の知花周辺からはなかなか想像ができませんが、当時の知花周辺には、田んぼも広がっていたということです。また、マツの樹下に生えるキノコを食用にしたといった、ヤンバルと共通の自然利用があったこともお話の中から見えてきました。

林の利用

——先日、沖縄出身の方と会話をしていたら、雑木林という漢字が読めない、という話になって、「へーっ」と、思わされました。

岩佐　ええっ？　「ぞうきばやし」は、読めるんじゃないんですか？　どんな林かはわからなくても、本とかを読んでいれば、読めると思いますよ。

——ええ、そうかもしれません。ただ、雑木林が読めるかどうかよりも、沖縄では、日常的に雑木林という言葉を使わないということを意識させられたということなんです。つまり、あらためてヤマトゥと沖縄の自然の違いのようなものに、気づかされたわけなんです。で、沖縄には雑木林はなかったかもしれないけれど、同じように人家近くの、よく利用される林はあったわけでしょう。

岩佐　私は沖縄市の知花出身です。このあたりでは、マツの木の下に生えるキノコとかを採りに行きましたよ。シメジみたいなキノコです。なんと呼んだかな？　シメジナーバ（和名ハツタケ）と呼んでいました。そういうものを採っていたのを覚えているのも、私たちの世代で終わりかもしれませんね。それに、知花は沖縄市の中でも田舎、一〇年遅い……といわれましたから。私はその知花の人の中では、ものを覚えていないほうだと思いますけど。このナーバは、貴重品でした。

――マツの木のキノコを食べるというのは、国頭の人からも、聞きましたが、沖縄市でもそうした食文化があったのですね。どうやって食べましたか？

岩佐　イリチャー（炒め物）ですよ。油もそんなにないころだから、ラードで炒めて、味噌汁に入れたり。あと、食べたキノコといえば、ミミグイ（キクラゲ）ですね。子どもの時分は、ポークの空き缶があるでしょう。それを拾ってきて、缶の底に残っている脂を利用して、中にキクラゲを入れて、缶をナベにして炒めて食べたりしましたよ。そのころは、ポーク自体は食べれないから。ポークは、軍で働いている家ぐらいが、持ち帰って食べていたぐらいです。売ってもいませんでした。家賃の代わりに、軍人さんからコーヒーやステーキ肉なんかをもらうこともあった時代ですから。

――物々交換のようですね。

岩佐　そうです。あと、キノコではないですが、芝の中に生えるノリみたいなのがあるでしょう。あれも、ゆでてきれいにしてから食べました。ほこりを取るのが大変なんですけど。あれ、なんといったかな。

池原　モーアーサ（ネンジュモの一種でイシクラゲ）といわんかな。畑の雑草なんかの中に広がってて、雨降るとふやけてから。これを土を取らんように、ていねいに採った。これは脇役でよ。トーフヌカーシー（おから）と混ぜて、そういうふうに食べていたはず。しかし、岩佐さんはナーバを食べていたか？　僕なんて、全然、食べたことないよ。そういうのは、岩佐さんのほうが、体験があるなぁ。畑周りで採ったものといえば、ニンブトゥカー（和名スベリヒユ）もあったな。これは畑の脇に生えているもの。ゆでておひたしにして食べたり、ジューシーに入れて食べたり……。

田んぼの話

——知花のあたりには、田んぼもあったのですか？

池原　知花城址のあたりにも田んぼはありましたよ。あのあたりの田んぼは苗代でね。一番広かったのは、今の東南植物楽園のあたり。

岩佐　田んぼの周辺には、クーイユ（コイ）もターイユ（フナ）も棲んでいました。

——いつごろまで、田んぼはあったのですか？

池原　大干ばつの年（一九六三年）のときまでだね。そのとき、瑞慶山《ずけやま》ダムを米軍が閉めてしまって、水が田んぼに来なくなってしまった。それで、田んぼがキビ畑に変わってしまった。僕が高校二年のときまでは米を作っていたのに、三年ごろから、キビになってしまったんだ。

――そうなんですか。今、琉球列島のあちこちのシマで、田んぼのあったころの自然利用について、聞き集めているところなのです。話をうかがうと、シマごとに、自然利用が違うんですね。例えば、田んぼの緑肥に何を使ったかといったことも……。

池原　緑肥としては、ソウシジュを入れた。ソウシジュは、田んぼの周辺や、自分の山に植えていましたよ。これをカマで切って、田んぼに鋤き込んだ。もう、葉っぱがなくなるまで切って、自転車なんかに積み込んで運んだもので。

岩佐　ホルトノキは方言でターラサーギというから、なにか緑肥にしたりするというようなことはなかったのかなぁ。

池原　記憶にあるのは、ソウシジュだなぁ。

田んぼの周りの生き物たち

――田んぼの周囲にはターイユもいたということですが、やっぱり煎じて飲んだりしましたか?

池原　ターイユは、田んぼだけではなくて、川にもいて、そういうところのは堰き止めてからササ（魚毒）を入れて獲ったりしました。それを病のある人のうちにもっていくとか、熱のあるときに煎じて飲むとか。タ

写真５　ソウシジュ

ーイユはシンジムンです。

岩佐　タンナ（和名マルタニシ）もいっぱいいましたよ。けっこう食べました。塩だけの味付けでね。

――ササに使うのは、どんな植物だったのですか？

池原　サンタマ（和名サンゴジュ）を使ったと思います。サンタマは畑の土手とかに普通に生えていましたよ。この実を竹で作った鉄砲の弾にして、遊んだりもしましたよ。

――カエルもいましたか？

岩佐　知り合いの家庭の池には、ショクヨウガエルがいました。あれは飼っていたのかな？

池原　終戦直後、タンパク源がないもんだから、カエルを捕まえて、モモの部分を集めて、焼いて食べました。自分も食べさせられたのを覚えています。それから、友だちのうちのおじいさんが、サシバを獲るのがうまくて、サシバの肉ジューシーを食べさせてもらったこともあります。鳥のジューシーですからね。味がしっかりしています。友だちのうちに行くと、おばあさんが、「今日は帰るなよ」というわけです。「なんでー」と聞き返すと、「オジイがタカを獲りに行っている」と。サシバも、みんながみんな獲るわけじゃありません。しかも、知花あたりで獲っていたんじゃなくて、もっと北部、例えば石川あたりで獲っていたんじゃないかと思います。

畑の作物など

池原　昔は自給自足だったから、マメでもダイズ、アオマミ、ラッカセイ、インゲンとみんな作っていたし、ムギもオオムギ、コムギ、ハダカムギと作っていました。そうそう、陸稲もありましたよ。あれは父の実家で、僕の年上のいとこが作っていました。農林試験場に勤めていた人だからそういうことも関係していたかもしれません。遊びにいったとき、「トシ、きてみろ」と。で、ご飯を食べたら、「これは陸稲だ」と言ってました。陸稲はあちこちにはなかったですよ。

岩佐　あの当時、ワタも植えてたですね。

池原　自分たちで野菜の種も取って、それをまた蒔いていましたしね。アワとかマージン（キビ）も作っていましたよ。トウモロコシも作っていました。トウモロコシは今みたいに若いものをゆでてそのまま食べるんじゃなくて、硬くなったものを臼で挽いてご飯と一緒に炊いて食べました。

岩佐　トウモロコシのヒゲも食べましたよ。さっと湯がいて食べるか、てんぷらにするとおいしいですよ。

池原　それは食べたことがないな。

――僕も、トウモロコシのヒゲを食べるというのは、初めてです。今度、食べてみます。

身近な木

――沖縄市あたりだとアマミアラカシが生えていると思うのですが、ドングリは拾ったりはしませんでしたか？

岩佐　アマミアラカシはカシギーとか呼んでいたかな。私たちの家にあった木は、あんまり実がつかなかったはずね。家と隣の家の境にあったのは、この木ですよ。アマミアラカシが屋敷の中にある家、けっこうあります。でも、ドングリを食べたというのはないですね。自分が小さい頃は、こういうことにあんまり興味がなかったからかもしれないけれど、ドングリに注目した記憶がありません。遊んだ記憶もそんなにないです。

――アマミアラカシを薪にしたりということはなかったのですか?

岩佐　ないですね。

――岩佐さんらは、もう薪採りはしていませんでしたか?

岩佐　いえいえ、していましたよ。近所のおばあちゃんの後をついて行ったりして。自分たちが採っていたのは、マツボックリとかマツの葉っぱです。あとは、枯れ枝を拾って。

――ドングリに注目していなかったというのは、何か文化的な違いがあるのでしょうか? 植物研究家の多和田真淳さんは、沖縄ではチャーギ(和名イヌマキ)が偏重される一方で、シイに対して冷淡だという話を新聞に書いていましたが。

岩佐　チャーギは、どの家にもありましたね。このチャーギの実もおいしかったです。屋敷に生えていた木といえば、チャーギやクワ、それに生活に必要な木でした。果物をつける木でいうと、ミカン、キームム(モモ)、ヤマモモ、バンシルー(和名バンジロウ)などです。キームムは、ズボンにこすりつけて毛をおとしてそのまま食べましたよ。

池原　チャーギは、屋敷の角には、必ず二、三本、植えられていました。

岩佐　トイレの後ろにはユーナ(和名オオハマボウ)が植えてありました。

——それは、トイレの紙代わりですか？

岩佐　もとはそうでしょうね。私は使った記憶はありません。私のころは古新聞とかです。

池原　トイレの紙代わりだけじゃなくて、ユーナの葉は、お祝いの皿代わりとしても使いました。宴会のときなど、ご飯をユーナの葉の上に盛ってね。おつゆだけがお椀でてきます。これはお椀が足りないというより、洗うのが大変だからですよ。うちには屋敷内にはユーナはありませんでした。知花城址の川沿いにいっぱい生えていたから、宴会があると、子どもがこの葉を採りにいって、親が洗います。ユーナの葉っぱを採るのが、子どもの仕事だったわけです。

屋敷内の池

池原　昔の屋敷には、アタンジャーというため池がありました。ここで野菜やイモを洗ったり、家畜の草を洗ったりします。水道は発達していなかったし、井戸がないうちもあったしね。あと、僕はこれは火事なんかのときの非常用ではなかったかとも思います。

岩佐　これは、土を掘っただけの自然の池ですよ。

——水は？

岩佐　雨水がたまったものです。川で遊べないときは、子どもたちがここで遊んだりしましたよ。子どもが入るには、危ないぐらいの深さの池もありました。

——コイとかを飼っていたわけではないんですね。

池原　コイを入れるためじゃないです。

岩佐　私のころは、まだ飲み水は、共同の泉に汲みに行っていましたから。

池原　汲んできた水は、ハンドゥーガーミという、口の広いカメに入れておきます。戦後はカメじゃなくて、米軍製の金属製のゴミ箱や、ドラム缶を使っている家もありましたよ。

――やはり、こうしたお話も、地域差がありますね。南部の方のお話では、屋敷内に池があるなんていう話は聞けませんでした。かわりに、ヒージャーと呼ばれる湧水の下に、クムイと呼ばれるよどみがあって、そこでウマを洗ったり、コイが飼われていたり……というお話でした。

池原　知花ではウマは川で洗っていましたよ。川で洗濯もしていました。

家畜の話

池原　学校では部活をしていましたが、当時の部活は太陽のあるうちに、家に帰しましたよ。みんな家畜を飼っていて、その世話とかありますから。ブタは敷き草をして、これを堆肥にします。だから一週間に一ぺんは、敷き草を刈りに行かなくちゃいけません。ヤギの場合は、毎日、草刈りです。昼のうちに、あそこにしようと目星をつけておいてね。そうすると、暗くなっても、刈ることができます。ただ、ほかの家の人も、同じようにねらっているので、たまに目星をつけておいた草がなくなっています。そうなると、夕方から草を探さんといけん。それで、ヤギの嫌いな草とかを刈ってきてしまうと、草をあげても食わなくて、ずっと鳴いているわけです。そうすると親に怒られます。

――ヤギにも好きな草と嫌いな草があるわけですね。どんな草が好きが覚えてらっしゃいますか？　例えば、南部では、イヌビワのような切ると白い汁が出る木の葉が、ヤギの好物だという話を聞きましたが。

池原　イヌビワはアンマーチーチといいました。お母さんのおっぱいという意味です。これはヤギが食いますね。あと、葉のうしろがガサガサしている木も好きですね。これは大木になります。

――多分、ホソバムクイヌビワじゃないでしょうか。

池原　終戦後のことです。この葉の裏をヤスリみたいにして、ツメをきれいにしてから、ゲッキツの実の汁で光らせる……というのを、ママゴトのとき、女の子たちがよくやっていました。まぁ、ヤギが食べる草はわりといろいろあります。ただ、ぬれている草は食べません。

岩佐　ぬれている草を食べないのはウサギも一緒。

池原　ウサギもよく飼って、食べました。

岩佐　だれそれは、ウサギを殺すのが上手とかね。

池原　ウサギは増やして、米軍家族がペットにして養うために買いにくるので、それで小遣いを稼ぎましたよ。どこの家でも飼っていたんじゃなかったかな。

――ウシやウマはどうですか？

池原　ウシやウマは戦後はあんまり飼っていませんでした。ウシは闘牛用が主かな。ウマも戦後はほとんどいませんでしたよ。飼っている人にお願いをして、畑を鋤かせたりしてたけど。

脂の話

岩佐　学校に裸足やゾウリで通ってたのも、私たちが最後の世代じゃないかしら。

——裸足でも、怪我はしなかったのですか？

池原　しましたよ。さびた釘とかを足の裏に刺したりね。怪我をしたときは、石油をつけよったですよ。石油をつけると化膿しない、とね。石油はランプから取ったんです。

岩佐　私たちはジャージル（アオカナヘビのことと思われる）のお腹の中の卵をだして、その黄色い卵をつぶして傷に塗りました。

池原　ブタの脂と塩を混ぜて擦り込みよったさ。

岩佐　ブタの脂もいいものは食用で、お腹の網状の脂はこうした薬用にしたりしました。

池原　僕らのうちは、朝、味噌汁の中に、指の先くらいのスーチカー（塩漬けブタ肉）が切られて入れられていて。スーチカーを炒って、油を出して、それに野菜を入れて、味噌汁を作っていました。

岩佐　脂分がないから、味噌汁の脂が大切だったんです。野菜もまろやかな味になるし。この当時は、一年に一度か二度、ブタをつぶしていましたから。

池原　うちでは半年に一頭、ブタをつぶして塩漬けにして。塩漬けも、長らく漬けておく間に、何度か洗って、新しく、塩漬けなおしてね。遠足のときなんか、スーチカーで作った油味噌がおかずなんだけど、これがご馳走です。どの家でもブタは二、三頭飼っていて、一頭は自分のところで食べて、残りは売ってお金にしていた。

道草の話

池原　僕らは小学校の五年のときから弁当になりました。ほとんどの生徒はイモです。何名かがご飯でしたね。でもこれらは毎日ご飯だから、かえってイモを食べたい……と。そこでイモの弁当とご飯の弁当を交換したりしてね。小学校の五年以前は、昼になると、みんな走って家に戻って朝ご飯の残りを食べて、シンメーナビの中のイモを食べて、また走って学校に戻るわけです。でもこれだと遅刻が増えるというので、弁当をもたすようになりました。僕は皆出席でしたけどね。病気になっていても、親が学校にやらせるようなうちでしたから。

――それと同時に、当時は学校に行かなければやることがなかったということも、あったのでしょうね。今は家にいたほうが遊べるし、おいしいものもあるし……。

岩佐　学校帰りに、畑のトマトを盗んで食べました。これはその当時はわかっていなかったんですが、軍に出す、商売用の野菜だったんですね。自分のうちで食べたことのないような野菜が生えていたわけです。

池原　僕らは、軍に出すものだとわかっていたよ。野菜を買って食べるということはなかったしね。トマトは僕も盗って食べたよ。

岩佐　学校に呼び出されて。

池原　僕は呼ばれたことないよ。

岩佐　男の子は逃げるのがうまいから。そうそう、食べるものがないときは、松脂をなめました。幹から垂れてる、あれをなめたんです。

池原　えーっ。あれをなめるなんて、ない、ない。
岩佐　ススキの若い穂をガムがわりにして食べました。
池原　うん。それはある。僕は、カンナに似て、もっと細いヤツ……。
――ダンドクですね。
池原　そう、そのダンドクの花の蜜を吸って歩いた。あの蜜はものすごく甘いよ。自分の畑にいけば、サトウキビがあった。当時の品種は茎の柔らかいヤツ。で、まだ製糖工場がなくて産業化されてなかったから、そのキビを採って食べたりした。ただ、畑に行かないときは、道沿いにダンドクがいっぱいあったから、その蜜を吸っていた。
池原　そういえばセミも食べたけど、これは一回か二回ぐらい。よく焼くと、お尻もハネも焼けてしまって、ムネの肉だけ残る。これを食べた。
岩佐　私も。でも、イタズラ半分。食べるものがないから食べたというわけじゃないですね。
池原　そうそう。あれは、イタズラして食べるというようなもの。
岩佐　ハチの子も食べましたよ。
池原　僕はあの感触は好きじゃないなぁ。
岩佐　今はとてもじゃないけど、子どものころは食べましたね。
池原　それにしても、僕のほうが年は上だが、あんたのほうが生活体験は上だな。
岩佐　おばあちゃんにいろいろ教わりましたから。

――本当に、お話がつきませんね。こうしたお話は、シマごとに、本当に尽きないほどあるのでしょうね。今日はいろいろとお教えいただき、ありがとうございました。

（聞き手　盛口　満）

第５章　「わかる」と「できる」は違う

話者　南城市玉城《たまぐすく》　金城善徳《きんじょうぜんとく》さん

このシリーズの第一巻『野山がコンビニ』に、金城善徳さんのお話が掲載されています。沖縄島南部の旧玉城村でのかつての稲作と、その田んぼ周辺の自然利用についてうかがった内容です。この本の発刊後に善徳さんのもとへ二〇〇九年の三月二四日に挨拶にうかがったところ、前回に紹介したお話の補足として、ここに紹介するようなお話をうかがえました。かつての集落の人々は、ほぼ自給自足の生活を送っていたのですが、どうしても集落内で自給できない物資がありました。例えば、建材の一部に使われる竹がそれにあたります。そのような、集落外との物資のやりとりについてお話をうかがいました。また、かつての人々は、暮らしに関わるさまざまな作業をひとりでこなす「なんでも屋」であったのですが、一方で集落内に、ゆるやかな役割分担が存在していたことも、善徳さんのお話からは見えてきます。こうしたお話の中から、現代社会に生きる私たちがどのように自然と接していけばいいのかのヒントを見出せればと思います。

石でできた柱

――いろいろなお話がうかがえたおかげで、『野山がコンビニ』というブックレットを出すことができました。本当にありがとうございます。

昔の民俗的なことが、戦争でみな中断されてしまって、それからわからなくなってしまったことが多いですね。私の歳の人でも、ほとんどは、こうしたことがわからなくなってしまっています。私は好奇心の強い人間で、子どものころ、大人の真似をしていたから、昔のことがある程度わかります。

　イシバヤーというものが、昔、ありました。これは茅葺きの家を建てるとき、材料も資材もあまりないでしょう。柱も雑木を使っているので、台風に弱いんです。だから、具志頭《ぐしちゃん》（現八重瀬町）に港川がありますね。そこの粟石[注1]を柱状に切り出して、上端には溝を掘り込んで桁がはまるようにします。これを家の四隅に柱として立てるんです。重いですからね、八名担ぎ、六名担ぎで運びます。石の柱にロープをわたして、そこに棒を入れて、両側を人が担ぎます。八人担ぎだとこれが四箇所になります。この柱を四隅に埋め込んで、頑丈に作るわけです。これをイシバヤーイーユンといいます。イーユンというのは、埋めるという意味です。これは台風対策です。イシバヤーを買いきらない人は、山の木を使うが、これは台風のとき、大変です。ぐらぐらゆれて、いつつぶれるかと、一晩中、眠れません。

写真６　画面中央部分が奥武島、左下は港川の石切場

――柱にするような木が、このあたりの山にも生えていたのですか？

柱にする木は、ガケ下とか岩陰に生えていたものです。そうしたところに生えている木を、安く譲ってもらうんです。（柱にする木を）伐ってきて、柱として埋めこんで作る家をイーバーヤーといいます。近年になると大工さんに頼んで、角材とかで柱を作ったりするようになるわけですが。あと、ヤンバルから、イーク（和名モッコク）やシーチャーギ（和名オキナワジイ）を購入する人もおりました。戦前はヤンバル船で材木を運んできたんです。海岸まで船で運んできますが、そこからは担いで集落まであげなければなりません。大変でしたよ。こんなふうに、家の経済状況で、柱もさまざまでした。

竹で作った壁

板が手に入らない時代は、壁にはヤンバルダキ（和名リュウキュウチク）を入手してきて、これを編むんです。チヌブといいます。柱の間にヨコザンという横木を渡して、そこにカヤを縄で結んで、両側からチヌブで挟みます。そうすると板壁みたいになるんです。こうすると、そう簡単にほぐれない。私が子どものころにはまだありました。こうした家を補修する人もいました。板の買えない人はこんなふうに、工夫をしていたんですよ。ただ、こうした家は、戦争で焼けてしまいました。

――ヤンバルダキも、ヤンバルから持ってくるものですよね。集落周りには、竹はなかったのですか？

集落周りにも、ンジャダケ（和名ホウライチク）、クサンダケ（和名ホテイチク、チンブクダキとも呼ばれる）がありました。本土のものより小さいですが、モウソウチクと呼んでいるものもありました。ただ、こうした竹は自家用程度です。本格的に使うのには間に合いませんでした。家畜小屋の屋根は、ンジャダキでカヤをとめたりしましたが、家の壁のチヌブなんかを作るときは、ヤンバルダキですね。ダキヤマ（竹山）がこちらにはないんですよ。だからチヌブを作ったりするときはヤンバルダキを購入するしかなかったですね。

屋根のいろいろ

屋根にもいろいろありました。瓦葺き、トタン葺き、茅葺きといろいろです。茅葺きの中にも、ダキガヤを使う人がいます。ダキガヤは屋根を葺くのに使う短めのヤンバルダキのことで、これで葺く屋根をダキ葺きといいます。ダキガヤは高級でしたよ。屋根を葺くのに、何百束もいりますからね。屋根に葺くとき、ダキガヤを縛るのに、ワラ綱は使いません。シュロ縄を使います。経済のいい人は、針金を使う場合もありました。さらにクサンダキで作った縄で締めこんでやると、何十年ももつ屋根ができました。瓦葺きができない人がダキガヤを使います。もっと経済の悪い人が普通の茅葺きです。便宜性から、近年になって、トタン葺きにする人もいました。これは風吹きのとき、大変です。トタンは波うっていますね。だから屋根の端にどうしても隙間ができて、そこから雨が吹き込んでくるんです。あと、夏が暑いのも大変な点です。台風が来るから、屋根を高くすることができません。屋根が低いから、家の中に、熱がこもるわけです。こんなふうに、自分の財力にあわせて作るので、屋根が幾通りもあるんです。茅葺きをしたあと、その上に、頑丈な網をかける人もいますしね。竹で作った縄を網みたいに作って、それで押さえる人もいました。網をかけられない人はそのままですが、これは風にあおられたりして、屋根のもちが悪くなります。

そういえば、戦争中、飛行機の機銃掃射のあと、半時間ほどで、茅葺きは火がつきましたよ。発火して燃えてしまうんです。機銃掃射のあと、くすぶってくるんです。瓦葺きの家は、焼夷弾じゃないと燃えません。屋根の中には、屋根の真ん中のところは茅葺きで、屋根の裾の、軒回りのところだけを瓦葺きにしたアマイガーラというものもありました。アマイガーラというのは、雨どいのところを瓦にしているという意味です。こういう葺き方をすると、ちょっとしゃれているんです。私の本家も、屋根の真ん中はダキ葺きで、周囲は瓦でした。

ダキ葺きは葺き替えして三年間は補修する必要があります。しだいに枯れてくるので、ちゃんと縛っておいても、スキマができて、ガラガラになるんです。そこでダキガヤを持ってきて、サシクンティーといって、スキマに差し込んでやるわけです。これを三年間続けると、三、四〇年間、絶対に動かない屋根になると、父は言っていました。だからダキガヤが上等だと。

母屋はこんなふうに、ダキ葺きにしても、台所は茅葺きにして、二軒建てみたいにしていました。母屋には、一番座、二番座とあって、三番座が台所ですが、お金がないときは、台所だけは、茅葺きで、ちょっと雑に作ったわけです。お客さんが来たときは、一番座、二番座に通します。

カッティと呼ばれる人

――一番座、二番座には、それぞれ、裏座があったのですよね？

そうです。裏座はクチャグワーといっていました。

――お産もクチャグヮーでするのですね？

そうです。お産は恥ずかしいものだから、隠すといって、人目につかないところで生むわけです。お産をすると、お母さんと子どもは、一ヵ月ぐらい、クチャグヮーで寝起きしていました。

昔は、お産は大変でしたよ。おしめもありませんから。着古しを取っておいて使って、それをまた洗って、干して。薬もありませんから、火をたいて、熱で消毒する……といって。消毒薬もない、医者もいない、産婆もいませんでしたから。

――産婆もいなかったのですか？

いませんでした。そのかわり、器量のある人がいて、何人も子どもを取り上げた経験をもっていて、産婆代わりを頼まれる人が、二、三人、部落にいました。そういう人をカッティといいます。お産が始まると、どこの誰をお願いして……。そういう式のお産でした。

そうそう、言い忘れていました。屋根作りにもカッティと呼ばれる人がいますよ。

茅葺き屋根のてっぺんのところはイリチャーといいます。イリチャーは、カヤを丸くして作ります。そのカヤを丸くまとめた上から、クサンダキで作った縄で網を編んで、それをかぶせて、ジーファー（かんざし）みたいにイリチャーの横から棒を八本くらい打ち込みます。棒を打ち込んで、縄で結わえてとめると、イリチャーが完成です。ジーファーみたいに刺す棒には、脂のある松など、腐りにくい木を使います。セージチャーと呼ばれる木のハンマーでゆっくりゆっくり、叩き込みます。このイリチャー作りのカッティがいるわけです。生まれ持った器量を持った人がいて、その人がこの仕事をします。部落で二、三人いましたよ。

カヤを葺くのもカッティです。これはヤーフチャーのカッティと呼ばれました。カヤを葺くとき、屋根の下から、竹で作った針に穴を開けて、そこに縄を通したものを刺してカヤをとめていきます。ハイサシ（針刺し）をする、ハイササーです。これもやや専門的な仕事で、カッティの仕事です。あの人はハイサシジョーズヤッサといって、誰々にお願いしようと……。こうしたお願いは、家主が頼みます。それと綱やカヤも家主が用意します。

家作りには、カッティがやる部門がありました。そうしないと、できない。素人がやるとしくじってしまう。カヤを運ぶなんてことや、豚小屋の屋根を葺くなんていうことも、誰でもできますが。

医者代わり

昔は医者も近くにはいませんでした。戦争前は、うちの村に、医者が一、二軒ありますが、近くても医者の家まで一里ありました。歩けない人はどうするか。乗り物もありません。戸板をはずして、その上に寝かせて四名くらいで運びました。それでなければ、もっこに板を敷いて、その上に載せて、二人がかりで担いでいくわけです。これで行ったり来たりですから、よっぽどでなければ、家で養生してなさい、と。熱発すると、ヨモギの葉っぱをつついて、青汁を作って飲ませたり、ニガナの汁を作って飲ませたり。お椀の一杯も、飲ましよったですよ。不思議にこれが直りました。生活の知恵は今よりは上じゃないでしょうか。昔の人は、何がきても、こうしたらいいというのがわかっていました。

瀉血もやりました。これも不思議に直りましたよ。今なら野蛮人といわれそうですが。ガラスコップの中のアルコールに火をつけてかぶせるわけです。コップがなかった時代は竹の筒を使ったという話を聞いたことがあります。戦後すぐは、アルコールがないので、新聞紙を燃やして、それで吸引しました。たとえば、うちみでおでこがふくらんだりしますね。そういうときにこれをすぐやると、一番です。

仕事の要領

私らは何でも自分でやりました。コンクリートのちょっとした補修とかも、みんなやっていますから。これは小さいときから、見たり聞いたり、自分でいろいろ経験しているからです。それにたいていのことができないとやっていけなかったんです。石を掘り出すのにも、要領がいりますよ。石の性質を見ないといけない。木の枝を切ったりするのも、技量がいります。鋸の刃にかける力の入れ具合とか。見ていれば、鋸がひける人かひけない人かは、すぐわかります。幹の大きな木を切らせたら、差はてきめんですね。刃の角度や、力の入れ方で、切る速度が変わってきます。こうしたものが生活の知恵、生活力でしょうね。

昔はハカグチツクインと、よく言いました。これは、やっている仕事の、場所の整理をきちんとしておけという意味です。ハカグチを作れと。例えば、掘り出した土をどこに置くかというときに、下手なところにおくと、掘り進むうちにその土が邪魔になってしまったりするわけです。だから、土を置く、適当な距離というものがあります。イモのカズラを刈ってどこに置くかというときも同じです。下手なところに置くと、仕事の邪魔になる。これをハカグチネーヌーと言います。こんなふうに、親によくしかられました。

――ハカグチという言葉などは、暮らしが変わるとなくなってしまいそうですね。

言葉は、相当なくなっていると思います。家の母はもっぱら方言だけ使っていましたから、私は方言がわかります。これも生活状況にあわせていろいろです。私の家内は三歳下ですが、方言わかりませんから。今の若い人など、私の言葉の七〇から八〇パーセントはわからないと思いますね。

戦争の影響

戦争の影響は大きいと思います。戦後、米軍に引きずられて、生活習慣が変わってしまいましたから。

——仲村渠樋川《なかんだかりひーじゃー》の水も、戦後、米軍基地からの汚水で使えなくなったというのを『玉城村誌』で読みました。

米軍の基地があったところに、洞穴があったんです。洞穴はアブといいます。昔から、大雨が降ると、周囲の水がそのアブに吸い込まれていました。そこに、米軍の施設ができたんです。施設だけじゃなくて、米軍人の住宅もできて、その生活排水がアブにながされたわけです。だから樋川からセッケン水とかでてくるわけです。水源を汚染して……と抗議して、結局、海まで排水路を作りました。それでも一度汚染されると、もう一〇年くらい使えませんよ。手足を洗うぐらいは使えましたが。

——それは、いつごろの話ですか？

一九四九年ぐらいからですかね。五〇年代ぐらいから、それがひどくなりました。

戦後は、軍作業という仕事ができたわけです。これで金銭に余裕ができたんですが、昔のような農作業は嫌って、人が離れました。農業から軍作業や、公務員になるようになって、こうしたことで、民俗も変わっていったと思います。

身近な自然の中身

――この前、ヤンバルの小学校で授業をする機会があって、小学生たちに、田んぼと聞いて何を連想するかと聞いてみました。返ってきたのが、「虫、タニシ、米、オタマジャクシ、カエル、水、浅い、土、タイモ、雑草……」といったものでした。意外にいろいろでるなぁと思ったのですが、そこにはやはり善徳さんの体験されてきたこととの違いがあると思います。例えば、田んぼのカエルというと、善徳さんはどんなことを思い出されますか？　カエルはアタビーといいますよね？

アタビーは栄養失調の子どもがいると食べさせるものでした。アタビースグユンといって、カエルを取って捕まえて、たたいて殺して、そのモモ肉を油で炒めて栄養補給として食べさせる、というものです。これで元気者になったという人、何人もいますよ。入れ物とか持っていくわけではないので、カエルを捕まえたら、すぐに畦にたたきつけて殺したんです。

栄養失調でやせている人を、ムシチャーといいました。昔はサナダムシとか入ったでしょう。ムシというのはこのサナダムシとか寄生虫の意味です。ただ、必ずしも寄生虫でやせていたわけではないんです。食が細いとか、胃が弱いという子どもがいたわけです。当時のイモばかりの食事では栄養が足りない、子どもの胃では消化できないということがあったわけです。そういうとき、おじいさんおばあさんが、自分の孫を見て「アタビースグティッチカマサレーナラン」と言い、「ムシフージヤッサー」と言って、アタビーを食べさせたわけですよ。

――他の地域の方から、アタビータタチャーといって、チンブクダキの棹でカエルをたたいて捕る人がいて、そうして捕られたカエルが市場で売られていたという話を聞いたことがあります。

アタビータタチャーというのは、しゃれたやり方でしょう。私のところでは、そんなまわりくどいことをしません。どんどん捕まえてきて、たたき殺して、即座に料理しました。子どもは釣り針を使って、アタビーを釣る場合もありましたよ。これは遊びです。今のようにペット感覚ではありません。アタビーは貴重なタンパク源ですよ。時代が時代ですからね。

――那覇の中学生に授業をしたときに、ここ一週間で見た生き物の名前を教えてくださいと質問をしたことがあります。そうしたら、「イヌ、ネコ、ハト、ゴキブリ、草」という名前が返ってきて、ハッとしました。それだけ、自然と関わらなくても、いい時代になってしまっているのだと。善徳さんの時代には、「草」などとひとくくりにはせず、それぞれの植物に名前があって、利用方法があったわけですけども。

どこの地域にどんな草や木があるか、歩きながら何となく頭に入っていたものです。必要になったら、即座にあそこで採れるとか、借りられるとかあるわけです。そのときになって、探しにいっても間に合いませんから。どこに何が茂っているか、たえず気にしていたわけです。例えばヤマカンダー（和名ノアサガオ）はどこにあるか、とか。これはものすごく上等な山羊のえさで、これをできるだけ刈って山羊にあげました。

七歳くらいから、草刈りの練習をしました。鎌を持ち出してきて、草を刈るわけ。最初は刈れませんよ。草の代わりに指を相当切ったですよ。七歳、八歳まで、訓練をすると、もう指を切らなくなります。指を切ったときにも、消毒薬なんてありません。どうするか。ウーベー（和名カラムシ）の茎の皮が漢方薬です。茎の皮を取って、それを傷口に巻きよったです。それだけです。鎌で切ると、自分でウーベーを探しました。昔は大変です。自給自足ですから。子どもも子どもなりに自給自足です。

——名前を知っているというだけではなくて、必ず「使う」という視点があったわけですね。今の子どもたちと話をしていると、そうした自然の利用をみんな取り上げられてしまっているように思います。そんななかで、最後まで身近に残されている自然物の一つがゴキブリ——トービーラーじゃないかと思います。子どもたちはゴキブリを嫌いだといいながらも、みんな知っているし、ゴキブリとたたかった思い出もあったりするわけですから。

昔は、トービーラーは、タンスの中までいましたよ。だから着物の保管が大変でした。トービーラーの糞がいっぱいだったりして。今は衛生的になりましたね。

——虫除けにヤマクニブ（和名モロコシソウ）を干したものを使ったりしていたのですか？

あれを使うのは、家庭的に上品な家でしょうね。都会人とか。田舎ではその感覚がないです。トービーラーとは共生ですよ。気にしていたらやっていけません。ネズミもしょっちゅう出入りしていましたから、ネズミとも共生です。もちろん、ネズミ捕りでも捕りはしましたが。

——今と昔では、身近にある自然も捉え方が違いますね。今度は大学生にアンケートをとったら、一番身近な木がガジュマルだと言います。しかし、これも名前を知っているだけです。昔はガジュマルも利用していたのですか？

ガジュマルが身近というのは、校庭によく植えられているからですね。ガジュマルは木炭みたいにして使いました。ヒークミヤーといって、ガジュマルを枯らして薪にして火をつけて、これをカマドの灰の中に入れておくと二、三日、火が消えないといっていました。火持ちがいいんです。あとは、牛に鼻綱をつけますね。鼻に綱を通して、片方は結わえて抜けないようにします。そのとき、綱だけじゃなくて、この木を削ったものをつけるんです。これをハナダマといいます。木で作ったものですから、鼻あたりがよくて、綱がぬけない。ハナダマには、ガジュマルが上等といいました。ガジュマルは軽いのでいいと。鼻に重いものをつけると、牛の勢力が弱るといいます。牛の中で、角をつっかけてくるものがいます。ムチカサンといいますが、こうした牛の鼻に重いものをつけてやると、おとなしくなるといいました。だから普通の牛に重いハナダマをつけてしまうと、使い物にならなくなってしまいます。軽い木で、あまり割れないものをハナダマの材料にしたわけです。

ガジュマルは繁茂しやすい木ですね。昔は屋敷の周辺に防風林として植えました。石垣だけじゃなくて、ガジュマルも植えたわけです。私の旧家のガジュマルは何百年木でしたよ。枝が横に伸びてそこからヒゲが降りて、一本の木で防風林みたいになっていました。もう、真ん中の幹は腐っていたほどです。私ら子どもは、そのガジュマルの木の上に、古板を打ち付けて、自分の家みたいにして、そこで涼むわけです。そういうのをやっていました。

一〇・一〇空襲のときも、ガジュマルの太い枝にはしごをかけ、枝に登って、葉のすきまから、飛行機が飛んでいくところを見ていました。那覇のほうへ、ぶんぶん、飛行機が飛んでいきます。八時ごろは友軍の飛行機演習といっていたものが、一〇時ごろには空襲だ、となって、それから壕へバタバタと逃げました。

艦砲ヌクェーヌクサー

――戦争の話なのですが、艦砲ヌクェーヌクサーという言葉の意味を教えていただけませんか？

これは艦砲射撃の食い残しという意味です。私たち生き残った者のことです。クェーヌクサーというのは、もともと卑しい言葉です。食い残しを誰かにあげますか？　その卑しい言葉をもじって、自分たちは艦砲射撃の生き残りだよ……といったわけです。

このあたりも、艦砲射撃は大変でしたよ。相当されています。この海の水平線が、軍艦で真っ黒くつながって見えましたから。そして空襲、艦砲射撃、陸上からの砲撃と、三方からやられました。それでも、このあたりは主戦場ではありませんでしたから。島尻では、生き残ったのは、本当に運のいい人です。

私たちはずっと、壕に入っていました。三月二三日に空襲が始まって、二四日に部落が全部焼けて、そのあと米軍が上陸したといううわさが流れてきて。壕の中で二ヵ月半潜んでいました。夜も横になるところがなくて、座ったきりですよ。石の壁にもたれて、二ヵ月半です。そういう中で、戦争をしのぎました。私は当時、五年生でした。食べ物がないので、壕に近い、他人の畑にイモを掘りに行くわけです。ちょうど今頃、三月でしたから、畑にキャベツもありました。艦砲射撃や空襲は、夕方の五時から六時ごろ、とだえるわけです。夕食の時間だったんじゃないでしょうか。そこでこそこそと壕の外に出て行って、親父はイモ掘りで、私はキャベツをもぎ取ってきます。それを岩陰に保管しておくわけです。炊くところもないから、にわかにカマドを作って、火が外に漏れないように、木で枠を作って、カヤを編んだものをかぶせてカムフラージュします。煙はどうしようも隠せません。だから、夜に火を焚くわけ。火はカバーできるから。昼間だと、煙は隠せませんからね。こうして二ヵ月半、命からがら生活しました。直撃弾をくらったら、全滅です。いつ弾がくるかわからんけど、火を焚かんと食うものがない……。こうした戦争のことは、体験した人でないと、わからないと思いますね。

残しておきたいと思うこと

私はへんちくりんと言われますよ。これは生まれ持った性質ですね。民俗のことに興味を持って調べるのも、そのせいです。こんなことをしても、損だけしてと、自分でも笑うんですが。

「わかる」と「できる」は違うと思うんですよ。理屈がわかっても、できるということにはすぐにはつながらない。私も農業の本を読みますよ。でも、現実は違う。自分の思ったとおりに作物はできません。農業は大変です。昔は学問する人がえらいと思っていましたが、今は農業ができる人がえらいと思いますね。植物、一つ一つで、水のやり方、肥料のやり方が全部違います。畑

写真7　玉城からアドキ島方向をみる

の場所によって、土質、水もち、通風、日の当たりぐあい、全部違います。農薬も簡単には使えません。薬害がありますよ。農薬をどんどん使った野菜を食べて、健康に長生きするわけがないでしょう。安くて上等な野菜と言ったりしますが、なぜ安いかということです。農薬を使えば、手軽にできる。だから安いと。だから今も、どうしたらいいかと、研究しています。

今は、物だけの時代になってしまいました。人間は人間で、物ではないはずですがね。人間の教育には時間がかかります。モノを伝えていくというのも、時間がかかることだと思いますよ。例えば、子どもをしかるにしても、その子の一〇年後を見てしかっているかということです。私もどれだけ伝えていけるか。その思いがあったから、こんな話をすることにしたんですよ。そういう思いがなかったら、お話していませんよ。物事は結果です。なぜ教育があるのか、なぜ勉強をするのか。いくらいい人ができてもそれだけではだめです。世の中、よくならないといけません。そのために、よっぽど勉強が必要です。

――お話を聞いてしまった以上、責任が重大ですね。

そうです。責任を感じてください。がんばってくださいね。

（聞き手　盛口　満）

注1　主に有孔虫からなる石灰岩。切り出して石材として利用された。

第６章　竹細工のシマ

話者　南城市佐敷《さしき》小谷《おこく》　小谷《こたに》正行《まさゆき》さん

旧佐敷町は、竹細工の盛んだった集落として知られています。小谷のある沖縄島南部の土地利用は大まかにいうと、耕作地や人家の多い沖積平野、まとまった緑地となっている段丘崖の下の斜面、その段丘上の、キビ畑の広がる平坦地といったように区分できます。小谷は段丘崖の下に集落があり、その背後は、現在、林となっています。こうした小谷の集落に昭和九年に生まれた小谷正行さんのお話をうかがうことができました。正行さんも小さなころから竹細工を手がけ、その製品を背負って売りに行ったそうです。お話は、二〇一〇年二月二八日に、小谷にある正行さんの畑でうかがいました。

バーキ作りの話

――私が沖縄に引っ越してから一〇年になりますが、その最初のころに、この集落は古い雰囲気を残していていいところだよと教えてもらったのが、この小谷です。確かに家々の周りを取り囲むように屋敷林が残されている点など、古き沖縄の農村の雰囲気を残しているように思い、これまで何度も通いました。小谷といえば、竹細工ということもこれまで聞いていたのですが、まずはその竹細工について教えてください。

本土にはないかもしれませんが、作っていたのはイモを入れるザルとかですね。バーキといいます。イモを入れるザルはアラバーキといいます。これはわりと大きなものです。それより小さなものには、ニンスクバーキと呼ばれるものもあります。ニンスクバーキというのは人夫用です。戦前は兵隊が飛行場を作るときなど、全部人でやりましたから、このバーキに土を入れて運ぶわけです。籾を入れるものはユナバーキといいました。昔は冷蔵庫がないから、ふかしたイモを入れて軒下とかに吊るしておくためのサギゾーキというものもありました。正月の残り物なんかもこれに入れました。

昔は「小谷とはチンシ（ひざ）を割るところ」といいました。その意味がわかりますか？　小谷は各屋敷とも屋敷周りが竹で覆われていましたから、道が薄暗くて足元が見えにくかったんです。それで道を歩くと、つまづいて、ひざを割ったりするから気をつけなさいという意味です。

――今でも小谷の中に、昔ながらの石畳の道が残されているところがありますよね？

昔の道はあんなにきれいじゃなくて、もっとでこぼこがありました。私のころまでは、あの石を敷くところを覚えています。山から石を持ってきて、割って敷くわけです。石といえば、段々畑にも、石垣があります。この石垣が、小さな石を積み上げて作ったものでも、崩れないんです。とっても不思議です。こうして、よくもっているなぁと感心しているんですが、これも昔の人の知恵でしょうか。

写真８　小谷の集落内

――家々の周りには、バーキ細工の原料の竹が植えられていたわけですね。

材料にしたのは、ンジャダキ（和名ホウライチク）と呼ばれていたものです。屋敷周りは全部竹でした。それだけでなく、耕せないところには、竹を植えました。例えば、石ばかりの土地には竹を植えたんです。ただし、小谷ではどこの家庭でも何人かはバーキ細工を作りましたから、小谷の竹だけでは足りなくて、ヤンバルの竹も使っていました。馬天《ばてん》港にはヤンバル船が出入りしていましたから。帆をあげたヤンバル船が来るのが見えると、竹を積んでいるんじゃないかと、一斉に買いに行くわけです。竹を買うと、馬天から担いで帰ってきてね。

竹は奄美大島からも買いました。戦後、兵隊から小谷にみんな帰ってきて、そうなると小谷だけじゃなくて、ヤンバルの竹でもまだ足りないからと。大島の竹も馬天に船で入りました。その船一艘の持ってきた竹を、全部、小谷の人が買うんですよ。この大島の竹はすばらしくてね。小谷の竹は、しょっちゅう伐っているから貧弱になっているし、虫が入っているのも多いし。それが、大島のは、それまでそんなに伐っていないもの、自然のままのものでしょう。こっちの竹より太くてね。大島は山が深いからいい竹が採れるんじゃないでしょうか。

できたバーキは、力のある人は、自分で作ったものを担いで、糸満まで売りに行きました。私も一三歳ぐらいから売りに行きましたよ。明日は学校が休みというようなときは、バーキをまず水に漬けます。バーキは水に漬けると、硬くなるんです。柔らかいバーキは売れませんから。ただし、水に漬けると、バーキは重くもなります。それで、夜中の三時に起きてね。おばあさんに起こしてもらうわけですが。それで小谷から山を登って、東風平《こちんだ》に出て、糸満まで行くんです。行くのは一人ではなくて、四、五名で行くんです。糸満に着くのは、もう一二時前ごろです。子どもの足ですからそれくらいかかりました。それで、売れ残ってしまったら、さらに那覇まで行って売りました。糸満まで行ったのは、戦後は糸満が密航船なども入る関係で一番、栄えていたからですよ。戦前はみんな兵隊が買ってくれましたが。そのころは、学校のある日は、学校から帰ってきてバーキを一つ作って、日曜日は一番多いと、一日で七つバーキを作って、それを貯めておいて、二週間か三週間にいっぺん、売りに行きました。

――何歳ぐらいからバーキ細工をするようになるのですか？

私なんかは、七歳からバーキを作りました。小谷でも七歳から作ったのは二人しかいませんでした。うちは父親が兵隊に行ってしまったから、どうしても作り手がいなかったということなんですが。小谷では男はバーキ作り、女は畑仕事でした。農繁期が過ぎたら、すぐバーキ作りです。

――バーキ作りの道具、例えば、竹を割るのにはどんな道具を使ったのですか？

鎌の分厚いものを注文して作ってもらいます。今はそうした鎌を作る人がいなくなってしまいました。

――竹の収穫期のようなものはあったのですか？

いや、いつでも採って使いました。若い竹はしおれてしまいますから、熟したものを使いますが。あと、「竹に花が咲いたらガシ（餓死）が来る」と言っていました。最近、うちの畑の近くのンジャダキの花が咲いたんですが、「ガシが来るよー」と言っていた人がいましたよ。

土地の利用方法

――小谷の暮らしというと、バーキ作りのほかには、畑仕事ですか？

小谷では、斜面のところに人が家を建てて住んでいました。これは少しでも畑を多くするためと思います。だから、畑に行くときは肥料を担いで降りていって、帰りはものを担いで上がってきます。いつも、こんなふうに荷物はいっぱいいっぱいでしたよ。新里も前は斜面のところに集落があったんですが、今は海岸のほうの平たいところに、ずいぶん家が下りてしまいました。

――集落周りの斜面に作られた段々畑では何を作っていたのですか？

キビ（サトウキビ）が多かったですね。ですから収穫のときは、馬車の通れる道まで、キビを担いで下ろしました。私も小さいときから、収穫期になると、学校から帰ってきてはキビを担いで下ろしました。だから学校のない土日は大変ですよ。戦後しばらくまで、集落にサーターヤ（製糖小屋）がありました。

――小谷には田んぼはなかったのですか？

田んぼは少しだけありました。馬天のほうは田んぼがいっぱいありましたが。あとは新里も水が多かったので、田んぼがいっぱいあったんですよ。小谷は田んぼが少なくて、イモとキビが主でした。その畑も耕作面積が少ないから、小谷の人はバーキ作りに走ったのかなと思ったりもします。バーキ作りはいつごろから始まったのかわかりませんが、相当古いらしいです。うちは親父が兵隊に行っていたので、現金収入がありませんでした。だから、じいさんやばあさんが、私が学校に行くと泣きよるわけです。現金収入がないですから。で、私に学校を休ませて、バーキを作らせました。現金収入で買うのは、一番は石油です。

――玉城の仲村渠の方に昔のお話をうかがったら、あのあたりは薪を採るのに難儀をしたというのですが、小谷は後ろが山ですから、薪採りはそこまで大変ではありませんでしたか？

昔はこうした斜面地も段々畑になっていましたが、斜面の上のほうや、岩盤で耕作ができないようなところには木が生えていましたから、薪にはそれほど不自由はしませんでした。砂糖を焚くのには、キビの搾りかすを乾かしたものと、山からの薪の両方を使っていました。逆に、小谷は耕作面積が他のシマより狭いので、そんな程度で焚きものは間に合っていたのかもしれません。普段使う薪でも、裕福な家は、馬天港から、ヤンバルの薪を買っていたと思います。

――昔は茅葺き屋根の家だったと思うのですが、このあたりには屋根用のカヤ（和名チガヤ）の生えているカヤ山のようなものはありましたか？

ありました。山に屋根用のカヤの生えているところがありました。九年マールといって、九年に一回、新しく屋根を葺きかえます。一人ではできないので、「あの家は今年が九年に一度だから」と言って、みんなで共同作業をするわけです。

――そうしたカヤ山は今、見えませんね。昔は火入れをしていたというようなことではなくて、しょっちゅう、草刈りをしていたので、カヤ山として保たれていたということでしょうか？

カヤ山はしょっちゅう刈っていました。カヤが腐れる余裕はなかったですよ。野菜の種を蒔いたら、その上にカヤを刈って覆うし、山羊小屋や馬小屋でもあるし、そうしたもので全部、カヤを使いましたから。

里の植物利用

　昔は無駄なものがほとんどなかったですよ。ロープもユーナ（和名オオハマボウ）の皮から作りましたから。ユーナはあちこちに植えてありました。このユーナで作った縄は水にも強いんです。モッコとかもこれで編みました。縄を作る材料には、ほかにシュロとかもありました。シュロも、今はほとんどありませんね。シュロは昔、種を配られたということも聞きましたが。

——明治時代の間切の中の法令を見ると、シュロの管理についてはうるさく指示を出していますね。

　やはり、そういうことがありましたか。シュロも水に強いですから。ただ、このあたりは、ユーナを使うことが一番、多かったです。シュロはそんなにはありませんでしたから。それこそ金持ちの人の蓑はシュロでしたが、金のない人の蓑はワラだったというように。ゲットウの繊維を使うことは少なかったですよ。

——王朝時代や明治ごろの資料を読むと、南部でもソテツを植えるように奨励したという話があります。ところが今、ほとんどソテツを見かけません。昔、ソテツはもっとあったのでしょうか？

　ソテツはいっぱいありましたよ。これは木が生い茂ってしまって、なくなったということだと思います。ソテツは戦後、食料にもしました。ソテツの幹の下につく、ちっこい脇芽のところが柔らかくてデンプンも多いというので、特に採って、デンプンを取りました。脇芽を採ってしまったというのも、ソテツが減った原因かもしれません。昔は畑の隅にもソテツは植えてありました。あぜ道とか、畑の境界線にもソテツは植えてあるものでした。

——昔は家畜もそれぞれの家庭で飼われていましたよね？

どこの家庭にも、山羊、豚、牛、馬といった家畜はいました。

――山羊の好きな草というものはありましたか？

琉歌にも「ベーベーヌマサグサヤ、ハルノワカミンナ」とあるように、ミンナグサ（和名ルリハコベ）が山羊の好きな草とされています。あとはクワの葉っぱとか、イモの葉っぱとかも好きです。そこいらにある、あの青い花を咲かせるツル、あれはなんといったか（和名ノアサガオのこと）も山羊は好きでした。

――昔、子どもたちが採って食べていた木の実などはどんなものがありますか？

グミ（和名ツルグミ）とかノイチゴとか。ノイチゴは今、見なくなりました。あとはバンシルー（和名バンジロウ）とか。

ティカチ（和名シャリンバイ）ですか？　ティカチというのはわかりませんね。クワの実は食べました。カヤの若い穂も、塩をつけて食べたりしました。

ガジュマルと井戸の話

――ガジュマルはどうでしょう？

ガジュマルの実を食べたというのは、話には聞いたことがあります。ガジュマルをつついて汁をだしてガムを作るというのはやりました。昔のガジュマルは傷だらけでしたよ。石でつついて汁を出して、汁が出たら土に吸わすんです。それで後で、泥を洗い流すと、ガムみたいになるわけです。

――今は台風で倒れてしまっていますが、何年か前まで、小谷にはトンネルガジュマルという立派なガジュマルがありましたよね？　あれは古くからある木だったのですか？

トンネル状になったのは、それほど前の話ではないんですよ。あの木は昔、山羊をつぶして焼くところだったんです。山羊をつぶしたら、吊るして血を流さないといけません。あのガジュマルは斜めに生えていたので、山羊を吊るしやすかったわけです。それで山羊を吊るしたり、焼いたりしているうちに、木のあるところから根が出て、それが地面に下りて、トンネル状になったというわけです。

——そうなんですか。山羊を吊るされていたりするうちに、ガジュマルのほうがこれではいかんと、倒れないように、根を張ったということなんでしょうか（笑）。でも、言われてみると、トンネルガジュマルのあった場所は、山羊をつぶしても、井戸も近いから、水の便もよかったはずですね。小谷にはそうした井戸が、上、中、下と三ヵ所ありますね。

井戸は水道の通るようになった最近まで使っていました。上の井戸は飲み水専用です。正月の若水もこの井戸から取りました。中の井戸は飲み水のほか、洗濯や水浴びもしたところです。その当時はお風呂がないので、冬でも歯をガチガチいわせながら、水浴びをしました。こうした井戸も使わなくなると、水が涸れたり、汚れてしまったり……。昔は女子青年団が一週間に一度掃除をしていたし、井戸の近くで立小便をしてはいけないと言われたりしたものですが。この井戸はほとんど涸れることがありませんでした。昭和一六年に大干ばつがありましたが、そのときにチョロチョロになったことがあるだけです。

シマの変化

コウモリ（オリイオオコウモリのこと）は悪玉です。マンゴーとか、果物を何でも食べてしまいます。ただし、昔はこんな大きなコウモリはこのあたりにはいなかったです。昔いたのは、小さなコウモリでした。今は逆に、小さなコウモリを見ません。カラスも昔はいませんでした。ここ、二、三年、カラスを見るようになりましたよ。ハブもずいぶん減りました。

一〇年ほど前までは、タカカシライシという大きな石が、山の上にありました。この石は那覇からでも糸満からでも見えよったですよ。知念とかの人が、那覇港から出航する船に乗る人を見送りにいけないからと、このタカカシライシの上に上って、那覇港のほうを見て、見送りしたんですよ。その石が、壊されて、今はありません。集落の中の、坂を上がってきたあたりにはチュライシと呼ばれる石があります。これは坂をあがってきて、一休みをするところです。汗だくになるので、着物の前をはだいて汗をひかせるんです。ここからも、海が全部見渡せました。私はチリ津波がやってきたとき、偶然、この場所で見ています。馬天の桟橋が波で見えなくなったんですが、最初は何がおきたかわからなくて、自分の目がおかしいのかなと思ったのを、よく覚えています。この海も、埋め立てられるまでは干潟が広がっていて、貝がずいぶんと採れましたよ。豆腐を作るときは、海まで潮水を汲みに行ったものです。

――今日は、ありがとうございました。本当に、シマごとに、それぞれ特有の自然と人とのかかわりがあったのですね。また、次もお話を聞かせてください。

（聞き手　盛口　満）

第７章　いくさ世《ゆ》のあとさき

話者　伊江島　大城文進《おおしろぶんしん》さん・知念《ちねん》シゲさん

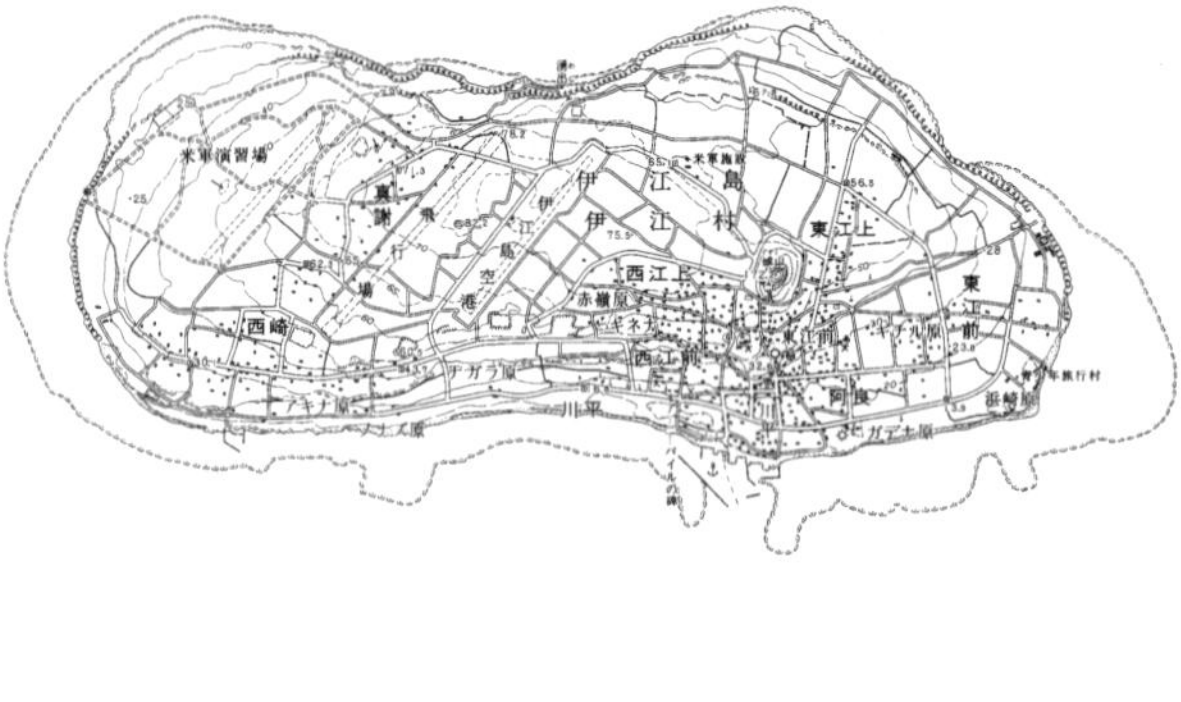

　二〇〇九年八月三日、私どもは初めて沖縄県の伊江島を訪問しました。本巻の聞き手の一人でもある当山昌直さんを通して、伊江村教育委員会にお願いして、お二人の話者を紹介していただきました。お一人は、大城文進さん。昭和八年伊江島のお生まれ。敗戦時は、国民学校六年生でした。もうお一人は、知念シゲさん。昭和一二年伊江島のお生まれ。敗戦時には、国民学校二年生でした。この機会をつくり、またいっしょにお話をきいてくださった伊江村教育委員会の山城直也さん、川島淳さんに感謝申し上げます。

　ソテツ食についてうかがいたいと伝えてあったため、開口一番、大城さんは「これまであちこち話を聞いて来られたそうですが、ソテツのイメージをききたい」とおっしゃいました。「奄美ではソテツは恩人とおっしゃいます」といって、『ソテツは恩人』（本シリーズ第二巻）を見せると、「それを聞きたかった」と喜んでくださいました。「ソテツのことを伊江島では『シュチュチィ』といいますが、これに命を助けられたんですから、『ソテツ地獄』なんてとんでもない、ここでも恩人ですよ」とおっしゃったのでした。お話は、戦中戦後の食糧難のことや、心の中でずっと続いている「いくさ世《ゆ》」のことに及びました。（注1）方言表記については、『沖縄伊江島方言辞典』（生塩睦子、一九九九、伊江村教育委員会）を参照させていただきました。（注2）

伊江島でもソテツは恩人

大城　これまで歩いてこられた所では主にソテツの朱い実を食べたんですか？

――奄美では実より幹の方を主に食べてきました。

大城　伊江島では一〇〇年に一回くらいはソテツの幹も食べとります。私は七七歳になりますが幹は戦後に食べただけです。

――その当時ソテツの食べ方をどなたが知っておられたんですか。

大城　やり方は年寄りが皆知っていました。われわれはこれを見て覚えたんです。実だけでは間に合わんから幹も食べたんです。まず幹をぶった切ってきてから、外皮をとり除きます。中には芯があって白くしています。繊維がとりまいているのを鎌の刃の両側を持って薄く削り、それを日光に干して、切り干しですね、それから水に浸けます。こんなことは女の方がよくわかります。

知念　乾いた幹の切り干しを四、五日水に漬けて、ぶくぶくと泡が出てきてから、洗って、少し水を切ってから、バキ（かご）に入れます。バキにはバナナの葉っぱをきれいに敷いて、上からもバナナの葉を被せて、かますなんかもかけて、うまく熱がでるように醗酵させるんです。一週間してバナナの葉をあけてみると醗酵の臭いがします。これを手でさわってみてまだ芯があったらだめです。

大城　そう。手でちぎれればよし。折れなかったらまたバキに入れて醗酵を続けます。

知念　二、三日もすればちぎれるようになりますから、もうこれっぽっちも捨てないように大事にしてやっていました。

――私たちも去年八重山の竹富島でやってみました。幹の芯の所は白くてきれいな澱粉がありますね。その周りの部分は繊維が多いですね。

大城　臼でついてクズにして澱粉をとる方法もありますが、それでは間に合いませんから、繊維までも食べていました。繊維の多い外側は削って乾かして、これをケーラニといいます。切り干しにした状態です。

知念　これは雨にぬらしたらダメですよ。かびがつきますからね。かびがついたら仕上がりが悪いから。

大城　雨が降ってあわてて取り込むと、もう家の中は寝るところがないくらいでしたよ。

知念　しかし戦争で焼けたソテツはダメでしたね。採ってきても削るとき、わかりますから。そんなのは食べられんから捨てました。

知念　私たちは疎開しました。字ごとの疎開であったはず。班ごとに決められていました。私は今帰仁村に行きました。母の実家のオジィが伊江島の川平なのでそこの人たちと疎開しました。そこでソテツの実を食べましたよ。

大城　われわれも同じ所にいました。

知念　母と私とおばさんといっしょにソテツ採りに行きました。母に「人がいっぱい来るから、あんたは上等のソテツを見つけておきなさい」と言われて。私がソテツが稔っているのを見つけておくと、みんなが採ろうとするから「私が見つけてある」と言いました。母が来て集めて小さいかますに二つ入れて、上の方を少し外して持ちやすいように軽くして、私はそれをおんぶさせられます。母たちは三つ、四つ頭に載せて、今の地名でいえば辺野古《へのこ》、大浦崎から宜野座村の松田までソテツを採りに歩いて行きました。

——だいたい女性の仕事だったんですか？

大城　われわれも行ったですよ。うちは親父と兄貴とぼくと三名で。ちょうど今の辺野古の米軍基地（キャンプ・シュワブ）のあるところがわれわれの収容先でしたから。あそこからソテツのあるところに採りに行っていたんです。

――配給が間に合わなかったんでしょうか？

大城　とてもじゃないけど間に合わなかった。

知念　男も行ったけど、私たちの家には男がいなかった。おじいさんはいたけど体が弱くてお留守番だったんです。おばあさんと母の妹が二人いて、あと、母と私でした。

大城　隣近所さそいあった。今道の駅がある許田までも行きましたよ。

知念　ソテツがあまり採れないときは、松田のカタバル（潟原）に行きました。浜は真っ白くして……。今は赤土で真っ赤だけど。踏んで足に当たるのがハマグリであるわけ。一生懸命踏んで足に当たるのを採った。

大城　カニもいた。

知念　今の辺野古の前のあたりかな、大浦崎の海へ連れて行かれて、今のジュゴンが食べる草（アマモ）も採って食べた。母につかまってもぐって採ったんです。

大城　ジュゴンが食べるというが、あんなものまで人が食べたのです（笑）。

知念　アカミ（ソテツの朱い実）は二つに割ってそのまま天日に干します。すると中が縮んではずれてきます。これを水に漬けて水を二回ぐらい換えて二週間ぐらいしたらまた天日に干します。それを臼で搗いて粉にしたものをターチーメーといいます。うちの隣の家はこれが十八番だったさ。だからこれとうちの芋と交換し、うちでもターチーメーを食べよったわけです。

大城　これは天ぷらにするとおいしいです。

知念　このお隣さんは、畑がなくてお父さんは日雇いに出ていて、食料はソテツの実ばっかりだったから、そして私の家は畑に芋を植えていたので、「シゲー、芋と交換しよう」と言って持ってくるから交換して食べていました。

大城　あの家にはソテツだけがあったね。私も育ちは同じ所なので覚えています。

知念　このお母さんはアカミがどこに何月頃つくかってよくわかるわけよ。だから年中ここの家には庭にアカミが干されていた。

――畑がない人はソテツをどこから採ったんですか。

大城　自然の物もあるんですが、シゲさんの家も私の家もみんな「ソテツ敷」という土地を持っていました。母の実家にもありました。アカミは村有地で採ったが、だれかのソテツ敷で採った場合は了解を得ておったと思います。

ソテツがある場所にはもう一種類、「ソテツ毛《もう》」というのがあります。「毛」はソテツが自然に生え群生している所。「敷」はソテツを植えた畑で、私の家は一反（三〇〇坪）のソテツ敷《しき》を持っていました。伊江島の北海岸は今もたくさん自生しています。崖の所なんかの条件が悪い所は人が採りきれなくて残ったんです。ソテツは主に北海岸に多く、今は米軍基地になっています。

ソテツはこの他に畑の周囲に植えていました。防風垣として、また「家畜垣」といって家畜が中に入れないように、がっちりと密に植えたものです。幹にトゲがあるから入れない。それから「人垣」といって、人間が畑の中に入れないように、農作物を盗られんようにという垣にもなった。植えたのは戦前、昭和の初期です。戦後は私は植えた記憶がないですね。

知念　私はソテツを戦後まで植えていましたよ。私は父親が早くに亡くなったから食べ物がなくてね。うちのご近所のお母さんたちは実のなるソテツがどこにあるかわかるわけ。私はわからんから母親について歩いて場所を習って、戦後も採ったものです。

大城　遠くから見てわかります。葉っぱが長いのは雌です。勢力がつよいでしょう。私は二〇年ほど前に奄美のものも自分のソテツ敷に植えてみました。品種的にちょっと違います。葉っぱが長いですね。

緑肥にはソテツの雄花やアカギなど

――ソテツの葉を肥料にはしなかったですか。

大城　伊江島は乾燥地なのでソテツの葉が腐るのが遅いからあまり使わないですね。アカギヌパー（アカギの葉）、ギンネムなんかは畑に入れて堆肥にしました。戦争中は、対岸の今帰仁《なきじん》村に疎開していましたが、あそこでは保水力の高い土地で早く腐るので道ばたの草でも葉でも畑に入れて堆肥にしていました。

知念　ソテツの雄花はシュチュチィカンボといいます。これは腐れるのが速いから肥料にいれました。芋を植えるときにカズラを植えてから、とんがったソテツの雄花を埋めていました。カンボは頭のことです。

大城　それから伊江島では家畜がたくさんいるから家畜の糞を肥料に使いました。

ハヤモで屋根葺きのハヤーを刈りました

大城　ハヤモ（茅毛。チガヤが自然に生えているところ）では年一回のハヤモ刈りの時期が決まっていて、ハヤー（和名チガヤ）を刈りました。今の灯台（米軍の射撃場）の辺りです。冬のチガヤの穂が枯れるころ、ハブやハチもいない寒い時期に村人がいっせいに刈って持ち帰り、屋根の葺き替えをしました。

知念　ウンベハヤモといって、海辺のハヤーは潮がかかってよい萱が出ないから、長いハヤーが必要ない瓦葺きの家にはここを割り当てられた、とおじいさんが言っていました。

大城　これは瓦屋根が作られるようになってからの話です。昔はみな萱葺きでしたから。

知念　馬や牛といったイチムシに食べさせるためのハヤーをハヤモで採ったら罰されましたよ。

イチムシは家畜と家禽

——イチムシには何がいますか。

知念　イチムシは家畜として人間が養うもののことです。鶏、山羊、馬、牛、豚ですね。（勝手に暮らしているから）ネコやネズミはイチムシの中に入れません。

——虫とかハブとかは何になるんですか。

大城　ネズミ、カエル、カなどは、まとめて呼ばないで個々の名前で呼びますね。ハブはマジムンといいます。他の地域ではマジムンはお化けのことですがね。

――「害虫」のような言い方はなかったんですか。

大城　いや、なかったです。ノネズミはッウェンチュ。種類があります。畑のネズミはハルッウェンチュといって、小さいです。「ハル」は野のことです。

――草木のことはなんといいますか。

大城　ッツァーキーといいますね。そして作物はスィクイムンといいます。人間が育てて食べるもの、必ず収穫があります。どうもソテツはスィクイムンには数えられていないようです。

燃料・繊維・飼料としてのソテツ

大城　ソテツの利用は変遷があります。最初は食べ物としてだけでなく、葉を焚き物にする薪炭材としての利用がありました。伊江島には山林がありません。あるのは島の中央のグスクヤマ(城山、島外の人はイイタッチューと呼ぶ）くらいでしょう。松林も

写真９　伊江島中央のグスクヤマと海辺の大風車

植林してつくったものです。あちこちに植林してありました。

――今も所々残っていますね。

大城　造林として最初にやったのがソテツです。薪炭材として造林しました。これは戦前です。何のための薪炭かというと、製糖のためなんです。伊江島は王府に納める上納が砂糖だったんです。『伊江村史』にもありますが、国頭郡の全体の量に匹敵するぐらいの量を納めています。二頭時代といいますが、王家の家系の地頭職を二つもかかえていて、砂糖生産をうんとやらされた。その時にはサトウキビの生産をすると同時に、燃料の生産としてソテツを植えた。食糧としてというよりね。

昭和七、八年、私たちが生まれた頃、世界大恐慌がありましたね。あのときは伊江島でもいわゆる「ソテツ地獄」がありました。砂糖の価格が大暴落して伊江島は製糖産業が中心だったからことさら大変でした。その次は戦後ですね。この二回、食糧としてソテツを皆が食べた時代が僕の記憶ではあります。そして、戦争中はソテツで何をしたかというと、軍事工場として伊江島には澱粉工場をつくって澱粉を航空燃料にしました。澱粉工場は会社組織ではありましたが軍命によるものでしょう。名護の岸本という人が来て、この時はいやおうなしにみな澱粉用に徴収された。澱粉をとって国に納めました。

知念　リュウゼツランを作ったのは、あれは戦中だったでしょうか、繊維をとったんですね。

大城　そう。あれは軍事物資としてロープにした。しかし、戦後たくさんの村民が島へ戻ってきて、復興といって一生懸命何もかも作って、ソテツが食料としてもういらない時代がきました。今度は養豚が奨励されて、豚の餌としてソテツ澱粉が見直された時期があるんです。ソテツの幹を切り出しても、株から芽が出てくる採りかた、根こそぎにしない方法があるんですが、戦後の人たちは、それを守らず、この時は根こそぎ採ってしまった。それで元々あったソテツが皆なくなってしまった。次が出てこないで、岩場にあるソテツだけが残ったのです。

——豚にはどのようにして食べさせたんですか。

大城　ソテツの幹を粉砕して発酵させ毒を抜いてサイレージというものをつくって豚の飼料としました。そして、今はソテツは造園用、それと緑化用ですね。私は植えていますす。実生と挿し木とやっていますが、実生苗だと二〇年くらいかかります。しかし今はなかなか売れない。生け花用に葉を出荷します。千葉県辺りではクリスマス、彼岸でも飾り花にして花と一緒にして売っています。

オカヤドカリと風葬

——ここにうかがう前に、伊平屋島と南の野甫島に行ってきたんですが、昔は風葬していた場所があって、それを「アマンバカ」と言っていました。洞窟が大きいのと小さいのとあって、そこに骨がいっぱいあったそうです。そこは、アマン、つまりオカヤドカリが多いのですか、と聞いてみました。

大城　ヤドカリのことをここではアマムといいます。

——友だちの当山昌直さんがアマムの生息地と風葬の場所とが一致しているんじゃないかという説をだしているんです。

大城　いや、ぼくもこれはあると思う。アマムが風葬地に寄りついたというのは理由がある。たとえば門中墓で三年もしないうちに次が出たというときに、いやでも洗骨せないかんでしょう、その時に生を切り裂くような、半腐れの状態で瓶にいれたりしますから、そのときにアマムは骨に残っているものを餌にするんじゃないですか。いきおい寄ってきてアマム墓になるわけです。完全にがらがらになって洗骨するならアマムは来ません。肉を裂く様な状態で洗骨したことがいっぱいあるわけですから。アマムが入る、だからアマム墓になる。多分に可能性としてあることだと思います。

――なるほど。この学説を当山さんは追究しているのです。

大城　容易に想像できることです。というのは昔の釣りの餌はアマムがよかった。探しに行くとネコなどの死骸のところにアマムがいっぱいいるんです。

知念　芋にも。アダンにもいますよ。

大城　芋も好きですが、ネズミや鳥の死にガラにもっと多い。やっぱりアマムは半腐れの肉が好きですよ。

戦争が続いていたんです

大城　アマムといえば、ちょうど私が高校二年のことでした。土曜日なので名護の学校から帰ってきたら、あれは三時半から四時ごろ、船が着いたとたんにボーンと大きな音がした。港から二五〇メートルくらいしか離れていなかった。

知念　うちの近所で不発弾の信管を抜こうとしていた人が失敗して爆発したんです。

大城　二五〇キロ爆弾でした。

知念　家の屋敷にみんな飛んできて、ちぎれた内臓がみんな木に下がってよ。これに大きいアマムがいっぱい出たの。私はまだ中学生でした。

大城　土曜日に帰ってきて家にも着かん間にボンとやったもんだからね。心配してすぐ飛んでいったら、シゲさんの隣の家だもんね。

知念　青年達が集まって、飛び散っているもの（肉片など）を集めて壺に入れてよ、小学校の下の浜に埋めたんだけど。

大城　この亡くなった人は、どこの人なのか、家族との連絡のとりようがないありさまだった。戦争間もないからあんなの見てもびっくりはせんかったけどね。一九五〇年頃だった。

――畑で爆弾が見つかったんですか？

大城　いや持ってきているんですよ。爆弾をどこからかね。伊江島は爆弾がどこにでもあった。射的場とか、あのころはまだ飛行場に野積みしとるから。それを持ってきとって、密漁用の火薬を抜くために信管をはずして、それを間違って爆発させてしまったわけです。

知念　昭和一九年三月に伊江島は米軍の爆撃を受けました。だから南海岸の防潮林の中での林間学校だったんです。机はあったかね。私は一年生だったんです。

大城　机は持っていきましたよ。

知念　そうやってせっかく造った飛行場を、爆撃を受けてからは、こんどは米軍が来て使うかもしれないと言ってまた友軍が爆破させているわけ。それが米軍が上陸してきてみんな直したわけよ。友軍は何年もかかってようやく造ったのを苦労して壊して、米軍は機械もってきてやるから、一晩でまた造ったそうです。

大城　そうですね。講和条約に行ったと言う重光全権大使が、ここで飛行機の給油をしていったと聞いていますからね。もうその時には直してあったということです。

知念　戦後二年ぐらいここは無人島だったんです。昔畑をしていた所なんかの跡形もなかったって。

――桟橋の所に一九四八年八月六日の港での米軍のＬＣＴ船の爆発事故の石碑が建っていますね。死者一〇二人、負傷七三人という大事故だったと書いてあります。

大城　このあいだテレビがインタビューに来ているわけよ。「なぜあんたがたは、あの時の爆発のことを話さないのですか？」と聞くから、「話をせんのじゃなくて、話したくないんだ」と答えた。「なぜ」と聞くから「理由はわからん。しいて言うなら、あのときは、気持ちはまだ戦争のなかだった。だから爆破したり人が死んだりするのは当たり前の話で、とりたてて言うことだとは島では思わなかったんだ」と答えました。

知念　私もそう思います。

大城　伊江島の人全体がおそらくそれをひきずっとたんだろうなあ。だって昨日おとといまで、沖縄本島の人はあれは普通の不発弾の事故だと思っとったでしょう。『沖縄タイムス』が取材に来て初めてみんなにわかったんです。不発弾でなくて、野積みしていた未使用爆弾を処理船で投棄する途中の事故だったということが。それまでは新聞社自体が不発弾だと思っていた。

この前公文書館から翻訳したのを持ってきたので知ったんだが、当時のここの司令官（現地隊長）が責任を感じて自殺している。うちはまだ書類をとってきて翻訳していないからわからんけれど、隊長が責任にさいなまれて自殺している、それぐらいアメリカ軍にとっても大変なことだったんでしょう。

あのとき被害を受けた村民は、まだ戦争中の気分だったと思うよ。孫を失った、妻を失った、息子を失った親たちが、まだ戦争だ、戦争の延長だとしか思っていない。あのときまで戦争をずっと引きずってきて、爆弾のそばにみんないるんだから。破裂したって当たり前のことでね、びっくりもしない。僕はその当事者もそうだったと思う。そうじゃなけりゃ、実はもっとセンセーショナルなことだから、まわりに知れていたと思う。そうじゃなきゃあれだけで納まるものじゃない。だから、戦争のことを話したくないということ。ぼくはまだ息子達にぼくの体験を話していないです。まあ、息子達はわかっていますよ。本を読むし色々聞くから。だけど「親父は？」ということは言わん。こちらも子どもにそこまで言う気がないし、そこまで頭がいかんのです。これだけは息子達に言っておこうかなということはあるけど、他のことは言っても、そのことだけは頭にあっても出てこない。実際に戦争の中をくぐりぬけてきた人はね、もちろん例外として、戦争体験者も語り部という人はおられますけれども、大多数の人が、まあ思い出すのも話すのもいやなんですね。

知念　今も話し始められてはいるけど、まだここ（胸のあたりを指して）に何か残っているんですよ。話しておかないと……、という思いはありながら、実際にはちょっとずつしか言えないことがあるんですよ。それぐらいいっぱい受けたんだろうなと私は思います。

大城　あき坊という、七つになるいい子でしたが、この男の子など、僕の目の前から走って行ってあの爆発で死んでいるんです。ぼくは中学三年生でしたから、家にいても暑いから友だちと毎日でも海に泳ぎに行っていました。ウニを取ってきて食べたりしているときに、このあき坊が母親を迎えに来た。あき坊にウニを割って食べさせたりして、一緒に遊んでいた。村有の定期の連絡船が着いたから迎えに行った。あのときにいたずらでもして五分でもいい、いや一分でもいいいから、呼び止めてやれば死なないで済んだと今も思う。そのことを語るのがいやなんですよね。誰にも言わなかったけど、このあいだテレビが取材に来たから言ったよ、それは一生思うことだよ、と……。原爆のキノコ雲というけど、この爆発もそうですよ。キノコ雲でした。

知念　海がこんなにして、そして……。

大城　われわれはまだウニを割って食べている、その上から破片が雨あられですから……。海に潜ったり、桟橋の下に入ったりしてしのいだですよ。しかし後輩の連中は逃げるのが遅くて潜るのが遅くてやられとる。目の前で。……。それも心理としては戦《いくさ》なんですね。

知念　私のおばさんもあのときに亡くなった……。

——米兵としてベトナム戦争に行ったアレン・ネルソンさんが、戦争の話を語るのを山口で聞きました。帰還したのですが毎晩うなされて、親や妻を敵と間違えて殺そうとする、そういう心が傷ついた状態から二〇年かかってやっと立ち直って、それから語り部になって語って歩かれた。海兵隊に入ってどんな教育を受け、どう殺したかと言う話もするわけです。話の始めにギターと歌で一曲やってから話に入る。終わったらまたギターを弾いて終わる。その儀式がないととても話せない。そうだろうなと思います。残念なことに、この方は最近亡くなられました。まだ六一歳でした。

いくさ世を引きずっていた

大城　ぼくは、あの時までぼくらは戦争を引きずっていたんだ、と最近思うようになってから心の整理がついたように思います。「なんであんた黙っとったんか」というから、黙っとったんじゃない、あれは自分にとって何なんだろうと思ってみたとき、やっと納得がいったんです。

知念　私も同じようなことを経験しています。石川市の小学校の米軍機の墜落（一九五九年六月三〇日、児童一二人を含む二一人が死亡、一〇〇人が負傷）と同じかというから、「あれとは違うんだよ、まだ戦争だと思っとったんだから」と言ったことがあります。

大城　自分と同じことを言ったんだな……。

知念　そう。「戦争だったんだよ」と。「なぜこんな危ないところで子どもたちを泳がしよったのか」とか言うから、「親たちは、危ないから泳ぐなというのはなかった。そういう状態ではなかったですよ」と言ったわけよ。戦争だと思っていたから「あきらめなよ」と言って畑でおじいさんなんかが泣いていたのを私は覚えていますよ。

大城　だからね「いくさ世を引きずっていた」と気づくことで納得がいった。

知念　そう。直接の戦争は終わっていたけど、生きるための戦争は続いていました。シマに帰ってきて、まだ二、三年しかたっていないから、戦争が終わったというそれまでの実感はないし、ここはまだ弾薬がいっぱいあってそのままの状態だったからね。

いろんなことをやったよ。小さい時から。でもいつも泣き虫でしょっちゅう泣いていた。何で泣くの？って言われた。疎開先からこっちへ帰ったのが三年生だけど、いつも泣いてお尻を叩かれていたのを覚えている。

大城　泣くしかなかったんだよ。

知念　戦争の思い出がいっぱいある。私は戦争映画を見ないわけよ。花火も見たことない。あのポーンとするのも戦争を思い出してよ。あの音を聞くとこの胸のへんがおかしくなるわけよ。

生きるすべを教えられたから生きて来れた

――つらいお話をありがとうございます。あっ、本当は物々交換のお話もおうかがいしたかったのでした。

知念　私はただ自分の生活体験を話すだけですが、おやじがいなかったから、お金がなくてよく魚と芋と交換したし、運動会の時には ブルマとかシャツ、こういうのがないわけよ。お店にウムクジ（サツマイモ澱粉）一升持って行ってパンツ一枚と替えました。当時は畑もない家がいっぱいあって、この人は魚と芋と交換、一〇キロ入るザルが作られていて、重さを計らないでこれ一杯と魚何斤といって交換した。ウムクジとか麦とか豆とかは桝で計るんです。ツチリマスィ(切り桝)という桝の上を平らにならして、これはいくら、ムイ（盛りあげて量る）はいくらといって交換した。私が中学校終えるまで、お金がないからこんなにして交換しよった。夜通し芋を一生懸命すってからよ、ザルに入れてこんなに蓋をしておくと一週間で醗酵する。それをとりだして団子にする。それを干すわけ。この団子を握るタイミングがあったよ。そしてからからに乾燥させる。ウムカスィニンジ（芋滓の握った物）といって……。

大城　（おおいに笑う）ちょっと待てよ。顔の恰好の悪いやつ、不細工な人は「ウムカスィニンジ」といわれよった！

知念　ウムカスィニンジというのはこんなにして作って、大事にして、物々交換のお金の代わりだから私なんかもう食べないよ。ウムクジなんかめったに食べられなかった。

大城　ウムカスィニンジは飢饉の時の備蓄食にもなった。豊作の時はたくさん作っておいて、豊作が二、三年も続くといっぱい余るでしょう。これを線香屋が買いに来ました。タブノキの皮とウムクジを混ぜて沖縄線香を作るんです。これがまた金になった。

知念　旧の九月一〇月に台風が来ると、芋の葉がやられるから食べる芋がなくて「ガシドゥシ」（餓死年）といいました。

大城　年寄りは知ってるわけ。だから芋粕は線香屋には売られんと。

知念　これの食べ方は、臼でつついて（搗いて）篩にかけて、また搗いて粉にします。ウムクジでもターチーメ（ソテツ澱粉）でもご飯代わりにしました。

大城　少し米入れてあちこち米の白いのが見えるくらいの飯にする。一升に一合くらい入れよったか。

知念　お米が入るうちはいいうちさ。うちはおやじがいなかったし、おふくろは泣き虫だったから、私は小学校の頃から夜中に芋すったり、いろいろ自分でやったよ。

大城　彼女の話はなんでも自分でやった体験からきとるから。

知念　昔の生活なら今でもできるよ。私はよく言うわけよ。「体験しないと、言うだけではできないよ。

自分の体でやっているからわかるよ」と。孫が言うわけ「オバァ泳げるか」と。小さいときから海へ行って泳いで何でもしよったから、今でも泳げるよ。泳いでみせると孫が「ぼくかなわん」という。あんなにしないと生きられなかったんだよ、昔は。生きられなかったから生きるすべを教えられたから生きて来れたんだと。

大城　いい抱負だね。うらやましいよ。

――今日はいろいろな大切なお話をありがとうございました。

（聞き手　安渓遊地・安渓貴子）

注１　伊江島は沖縄戦の当時、東洋一と言われた飛行場が建設され、守備隊が配備されていたために、米軍の主要な攻撃目標とされ、一九四五年四月一六日〜二一日にわたる戦闘で、一般住民約一五〇〇名を含む四七〇〇名余が犠牲となった（沖縄県平和記念資料館ウェブページ）。戦後の強制住民移動とその後の米軍基地のための島の六割の土地の強制土地接収に対して非暴力による「乞食行進」などが行われた（阿波根《あはごん》昌鴻《しょうこう》『命こそ宝―沖縄反戦の心』岩波書店、財団法人「わびあいの里」ウェブページ）。

注２　本章は『季刊東北学』二六号（東北芸術工科大学東北文化研究センター発行）に所収されているものを一部改訂し、改題している。

写真・図等の出典

本誌に掲載した写真・図等は下記の資料を使用しました。

写真

　沖縄県教育委員会：写真 4

　蛯原一平：写真 1，2

　当山昌直：写真 3，5，6

　盛口　満：写真 7，8

　安渓遊地：写真 9

図

　国土地理院①：7，21，35，51，66，83，94 頁の扉図

　国土交通省②：6 頁図

※写真・図の使用方法

・沖縄県教育委員会：沖縄県史図説編『県土のすがた』ＤＶＤ＜2006 年発行＞1945 年２月 28 日米軍撮影 3PR5M63-42 より作成

・国土地理院①：数値地図 50000 地形図画像（2001 年３月１日発行）より作成

・国土交通省②：国土数値情報（行政区域、海岸線データ）を使用して作成

聞き手紹介

安渓貴子《あんけいたかこ》:愛知県生まれ。植物屋。山口大学非常勤教員。主な著作に『森の人との対話――熱帯アフリカ・ソンゴーラ人の暮らしの植物誌』(東京外語大 AA 研) など。

安渓遊地《あんけいゆうじ》:富山県生まれ。ヒト屋。山口県立大学教員。主な著作に『西表島の農耕文化』(法政大学出版局、共著) など。

蛯原一平《えびはらいっぺい》:奈良県生まれ。イノシシ屋。東北芸術工科大学東北文化研究センター研究員。主な著作に『日本のシシ垣』(古今書院、共著) など。

当山昌直《とうやままさなお》:沖縄県那覇市生まれ。島の動物屋。(財) 沖縄県文化振興会職員。主な著作に『琉球列島の陸水生物』(東海大出版、共著) など。

渡久地《とぐち》 健《けん》:沖縄県本部町生まれ。サンゴ屋。琉球大学非常勤教員。主な著作に『熱い自然――サンゴ礁の環境誌』(古今書院、共著) など。

盛口《もりぐち》 満《みつる》:千葉県生まれ。博物屋。沖縄大学教員。主な著作に『生き物屋図鑑』(木魂社) など。

表紙絵:渡久地 健
地図作成:早石周平ほか
版下作成:当山昌直

聞き書き・島の生活誌⑥
いくさ世をこえて――沖縄島・伊江島のくらし

2011年2月12日 発行

編 者 蛯原一平・安渓遊地
発行者 宮城正勝
発行所 ボーダーインク
〒902-0076 沖縄県那覇市与儀226-3
電話 098(835)2777 Fax 098(835)2840
印刷所 でいご印刷

ISBN978-4-89982-198-4 C0339

聞き書き・島の生活誌

いまこそ聞きたい伝えたい、自然とともに生きてきた島びとの知恵。

■定価 1050 円（税込）

①野山がコンビニ 沖縄島のくらし　当山昌直・安渓遊地編

国頭村ユッパー・山に村があったころ／名護市城・分け合って食べる／名護市底仁屋・生活を支える自然／読谷村楚辺・イモと畑／南城市仲村渠・旧玉城村の稲作とくらし

②ソテツは恩人 奄美のくらし　盛口満・安渓貴子編

瀬戸内町清水・畑仕事が人生だから／瀬戸内町蘇刈・島に田んぼのあったころ／瀬戸内町嘉鉄・夏のウナギ捕りは楽しかった／瀬戸内町瀬相・住民の足を守り続けて／瀬戸内町請阿室・請島での炭焼きと山仕事／大和村・サンゴ礁の漁を語る／大和村戸円・ソテツを発酵させて食べる／奄美市根瀬部・空襲前後のくらし

③田んぼの恵み 八重山のくらし　安渓遊地・盛口満編

西表島祖納・ヤマネコは神の使い／西表島祖納・神司として島をまもる／波照間島・天水田と畑／竹富島・日本最南端のお寺で／鳩間島・海上を通う田仕事／石垣市川平・数少ない稲作地

④海と山の恵み 沖縄島のくらし2　早石周平・渡久地健編

本部町備瀬・サンゴ礁の海と魚と漁／名護市グスクヤマ・ヤマは切り方があるんだ／那覇市旭町・市場の思い出／国頭村奥間・与那覇岳に試験場があった頃

⑤うたいつぐ記憶 与那国島・石垣島のくらし　安渓貴子・盛口満編

与那国島祖納・島の歌を聴き集めて／与那国島祖納・お米の味と稲のにおい／与那国島祖納・在来米と深田の思い出／与那国島に測候所のできたころ／与那国島・530 年前の済州島からの漂着民の記憶／石垣市登野城・何より馬が好き

⑥いくさ世をこえて 沖縄島・伊江島のくらし　蛯原一平・安渓遊地編

国頭村・猪垣のあるムラ・奥のくらし／国頭村・そしてユッパーが消えた／宜野座村・基地の中の村アニンドーの思い出／沖縄市・知花に田んぼがあった頃／南城市玉城・「わかる」と「できる」は違う／南城市佐敷・竹細工のシマ／伊江島・いくさ世のあとさき

⑦木にならう 種子屋久奄美のくらし　三輪大介・盛口満編

種子島西之表市・木に教わる暮らし／種子島西之表市・自分で何もかも作りました／屋久島町永田・トビウオの寄せる島／奄美市住用町・水辺の暮らし／瀬戸内町嘉徳・炭焼きが盛んだった頃／瀬戸内町清水・昔の人に笑われるよ／徳之島伊仙町崎原・川も山も海もない